春明门内客

—— 北京老宅院里的文化名人

汪兆骞 著

沈从文

曹禺

齐白石

艾青

胡适

蔡元培

王国维

鲁迅

老舍

陈独秀

梁实秋

谭嗣同

叶圣陶

李大钊

朱自清

章士钊

黎锦熙

茅盾

冰心

梅兰芳

田汉

马寅初

俞平伯

郭沫若

郭小川

中华书局

图书在版编目（CIP）数据

春明门内客:北京老宅院里的文化名人/汪兆骞
著.—北京:中华书局,2013.8
ISBN 978 - 7 - 101 - 09195 - 3

Ⅰ.春… Ⅱ.汪… Ⅲ.文化 - 名人 - 生平事迹 -
中国 Ⅳ.K825.4

中国版本图书馆 CIP 数据核字（2013）第 027226 号

书　　名	春明门内客——北京老宅院里的文化名人
著　　者	汪兆骞
责任编辑	陈小远
装帧设计	刘　洋
出版发行	中华书局
	（北京市丰台区太平桥西里 38 号　100073）
	http://www.zhbc.com.cn
	E-mail:zhbc@ zhbc.com.cn
印　　刷	北京瑞古冠中印刷厂
版　　次	2013 年 8 月北京第 1 版
	2013 年 8 月北京第 1 次印刷
规　　格	开本/787×1092 毫米　1/32
	印张 6⅞　字数 70 千字
印　　数	1 - 6000 册
国际书号	ISBN 978 - 7 - 101 - 09195 - 3
定　　价	28.00 元

序

胡同里鲜活的文化灵魂

胡同和四合院文化，是我们民族文化的瑰宝，"世界的奇观之一"（丹麦学者罗斯缪森）。著名美籍华裔建筑设计大师贝聿铭说，由城墙、胡同、四合院组成的北京古城，"是世界历史最长、规模最大的杰作，是都城建筑的结晶"。

但是随着胡同、四合院大规模地消失，北京古城和燕京文化与我们渐行渐远。

十二年前，当我家坐落在灯市口遂安伯胡同的老迈的门楼和斑驳的两扇木门，被推土机轰然推倒，腾起高高黄色尘埃的那一刻，我的心在战栗和流血。六十年，我的生命已嵌入悠长的胡同和古色古香的四合院，从小即遵守着胡同的老传统，与邻居和睦相处，过着讲究礼仪，相互帮助，简单散淡，有滋有味，笑看云卷云舒、花开花落的日子。

"往事已成空，还如一梦中。"（南唐·李煜）曾几何时，沈从文、汪曾祺、王朔、姜文、马未都等师长与友人，还在我家那有着修竹、石榴、大鱼缸的小院品茗酌酒，半枰残棋，一卷山水，闲适而陶然，突然就被夷为平地。那一刻，我理解了为保护古城而奔走呼号的梁思成们，那羸弱的肩头，担当着真理和道义，但林语堂、老舍笔下的老北京，还是难逃破坏的厄运。这不只是一段历史的荒诞，更是一出文化的悲剧。

我的老哥诗人邵燕祥说过："记忆的碎片就是萦回岁月的烟云。"多少京华往事已被雨打风吹去，而那些关于胡同和四合院的记忆，却深深植入了脑海：清晨，低低徘徊的鸽群，在曙色里留下悠长悦耳的哨声，胡同里弥漫着清新又落寞的气息；日落西墙，伴着昏暗的街灯，谁家院落飘出几声凄婉的西皮流水，与串胡同小贩高亢的"硬面—饽—哎饽"的叫卖声纠缠在一起，就有了别样的韵味儿……胡同虽已是美人迟暮，但那份积淀久远的情貌，丰盈的古都民俗风韵，却如陈酿老酒，味道十足。

胡同和四合院如同史书，共同承载着历史。史重论，胡同重记。北京的胡同和四合院堪称一部地方志、文化史。在一条条消失或侥幸留下的胡同中，曾留下无数文化精英的足迹。他们多姿多彩的人生，鲜活的文化灵魂，给胡同与四合院积蓄了永恒的"人与文化"的深刻内容，洒下一片洋溢着无比暖意的文化情怀。清末民初以来，群星灿烂，人才辈出，蔡元培、陈独秀、胡适、鲁迅、朱自清，还有年轻的毛泽东，他们在胡同里的活动，体现了深远的历史意义和沉重的文化承载。

历史已很遥远，对于胡同里的卓尔不群的文化精英，人们也已朦胧，但是他们给北京的古老胡同，却留下了无尽的话题：关于探求救国之道的，关于传统文化的，关于人文精神的，关于文人风骨的……

人代冥灭而清音独远，从胡同深处，打捞出一些有关文化名人的记忆碎片，这是值得表述的碎片，但又是不易表达的历史。

是为序。

壬辰秋于北京抱独斋

目　录

胡　　适

先后居住四处四合院，
却没留下一处故居的新文化运动的急先锋

胡适是 1917 年 9 月 10 日，应北京大学校长蔡元培力邀，来到北京大学当教授的。那年他才二十六岁，他的《文学改良刍议》一文，标志着中国新文化开始取代旧文化，并为中国进入新时代，跨出了惊世骇俗的第一步。他的到来，用陈独秀的话说，带来"今日中国文界之雷音"。

胡适住进了离他就职的北京大学不远的南池子缎库胡同八号，与老乡高一涵合租。这是一座小四合院，西府海棠的浓郁和夹竹桃一串串怒放的花朵，让胡适感到北京秋天的清爽和活力。

1918年3月，胡适从故里接妻子江冬秀返京后，租下钟鼓寺十四号小院。在暮鼓晨钟中，他的《建设的文学革命论》刊在《新青年》上，他把白话文运动提高到了一个新的理论层次，被郑振铎誉为"文学革命的最堂皇的宣言"（《中国新文学大系·论争集导言》）。

在北京大学，胡适不仅协助蔡元培、陈独秀厉行改革，屡建新政，而且身体力行倡导严肃科学的学风，并积极引进新人、延揽人才。同时，胡适还帮助陈独秀改组《新青年》，与李大钊、钱玄同、高一涵等六人轮流主持编辑工作。陆续加入的撰稿人有鲁迅、刘半农等。

《新青年》影响着一大批在文化巨流的激荡中涌现出的进步新青年，毛泽东最爱读《新青年》。他后来说："我非常钦佩胡适和陈独秀的文章。"（《西行漫记》）

胡适也同样盛赞青年毛泽东在《湘江评论》上发表的《民众的大联合》一文，说这是"一篇大文章，眼光很远大，议论也痛快，确是现今的重要文字"，"武人统治之下能产出我们这样的一个好兄弟，真是我们意外的欢喜"。胡适这段话，是对毛泽东充满感情的，可惜我们在批判胡适的时候，很少有人提及。

胡适与李大钊不仅在新文化运动中并肩战斗，如1920年8月1日，李大钊参与胡适等联合发起的《争自由的宣言》，抗议北洋政府压制民主的丑行；1922年5月14日李大钊参与胡适起草的《我们的政治主张》的署名；1936年7月，胡适赴欧洲路过苏联时，作了许多参观，在其寄给徐志摩等人的信中，明确表示对列宁的事业与新俄进步的赞赏态度，李大钊极为高兴。而且，胡适与李大钊私交甚深。胡适写《李超传》为妇女解放大声疾呼，李大钊带头参加李超女士追悼会。胡适母亲亡故时，李大钊赠赙仪。李大钊遭杀害，其家属抚恤事宜由胡适一手帮办，并为李大钊安葬。在《胡适文存》第三集结集时，胡适把"纪念四位最近失掉的朋友"的献词放在首页，而李大钊名列四位朋友之首。直到1934年7月追悼刘半农时，他竟还记着留下"守常惨死"的挽联。

胡适在教学和社会活动之余，还潜心研究《红楼梦》，1921年发表《红楼梦考证》，次年发表《跋〈红楼梦考证〉》等论文，以大破大立的气概，向旧红学宣战，并宣告新红学的

3

诞生。为中国古典小说的研究，为整理国故，为整个中国的文艺复兴事业，起了先导作用，产生了巨大而悠久的文化影响。

他逝世时，有一副对联，值得玩味："先生去了，黄泉如遇曹雪芹，问他红楼梦底事？后辈知道，今世幸有胡适之，教人白话作文章。"

1930年，胡适搬至米粮库胡同四号。院内房舍高大且多，树林葱茏，车库、浴室、卫生间、锅炉齐全。胡适的好友常到此一聚，徐悲鸿、徐志摩诸友偶到此暂居。米粮库胡同住着不少名流，一号住陈垣、傅斯年，三号住梁思成、林徽因，算是文曲星云集之地了。

梅兰芳是胡适的好友，他受美国邀请去大洋彼岸演京剧，如何演好心中无底，便登门求教胡适博士，在内容旨趣、艺术风格上为他作指导。齐白石也视胡适为师友，曾用两幅新画，换回自己的得意旧作，亲自恭敬地送到米粮库胡同给胡适，并让胡适为他作《齐白石年谱》。徐悲鸿于1932年3月寄居胡家，终日作画，以排遣婚变的痛楚，一住就是五个月。林语堂曾在《人间世》杂志著文，写名满天下的胡适交友的友善，"适之为人好交，又善尽主谊"。"我的朋友胡适之"

也成了当时一句很流行的口头禅。

胡适为人坦荡，"开风气而不为师"，对鲁迅、周作人兄弟二人多有赞扬，云"豫才兼有赏鉴力和创造力，而启明的赏鉴力虽佳，创作较少"（《五十年来中国之文学》）。胡适还曾于 1926 年 5 月，为鲁迅与陈源的笔战，作过言辞恳挚的调解。鲁迅曾屡有公开批评胡适的言论，胡适却从未回过一言，并阻止苏雪林、陈西滢回击鲁迅。胡适的识力与襟怀显示了他独特的人格魅力。

抗战爆发，胡适只身赴美任驻美大使，为抗战奔走呼号。胜利后，胡适重回北大任校长，住进曾是民国总统黎元洪府邸一部分的东厂胡同一号。

1949 年，解放军进驻北京前，胡适离开居住近四十年的北京，其子胡思杜拒绝同行。八年后，在全国讨伐胡适的浪潮中，胡思杜被打成反革命，自杀身亡。

1962 年 1 月 24 日，胡适在台湾病逝，享年七十。

胡适多姿多彩的一生，正是中国现代史多姿多彩的一个缩影。作为旧时代的最后一位送葬者与新时代的最初一位先知，胡适注定要被新旧两个时代的人误解和曲解。

北京市东城区东厂胡同一号，胡适曾居住的地方之一。

鲁　迅

阜成门内西三条二十一号，
老虎尾巴后园有两棵枣树

鲁迅先生在 1924 年春，向老友齐寿山、许寿裳各借四百大洋，买下了阜成门内西三条二十一号宅院。如今，这座小四合院已改成鲁迅博物馆。

鲁迅和周作人发生矛盾，离开八道湾十一号。那是 1919 年鲁迅卖掉绍兴故居，在北京购置的三进四合院。前院九间坐南朝北的罩房。中院正房三间，由母亲和鲁迅夫人朱安各住一间，中堂作饭厅。鲁迅住三间西房。后院九间，由二弟周作人与三弟周建人两家分住。鲁迅与周作人发生什么矛盾，至今众说纷纭，莫衷一是。林语堂在《记周氏兄弟》说："周氏兄弟，趋两极端，鲁迅极热，作人极冷。"但热与冷岂能成为兄弟二人反目的理由？又有人曰，周作人之妻信子奢靡跋扈，鲁迅无法容忍，便退避三舍以求安宁，也难以让人信服。兄弟二人感情一直很好，从周作人1902年考入南京水师学堂时，兄弟二人相依为命。一日，没有等到大哥来住，便发出"归而复作，灯光如豆，伴我凄清，对之凄然"的感慨，足见周作人对鲁迅的感情之深。离去的谜团，依然浓重，但离去却是事实。鲁迅搬到西四砖塔胡同，住不习惯，这才在西三条二十一号买地造屋。

在院里造屋，是鲁迅自己经管的。有位教育部的同事李老先生作监工。房屋多用旧料，因陋就简。李先生还在北房之后，接出一间房子，北窗是玻璃的，近乎画室。鲁迅说："我将来便住在这个老虎尾巴里。"老虎尾巴的南门，接在北房的堂屋，是一家人就餐的地方，左右各有一间房，分别住着鲁迅的母亲和夫人朱安。院子西南有三间，是鲁迅的客厅与书房。书房中靠南墙是一排书箱，都按图书的类别编号摆放。

老虎尾巴，便是鲁迅的写作间兼卧室，又称"绿林书屋"。老虎尾巴的北面，还有后园。鲁迅伏在靠东墙的写字台上写作，可以向北眺望后面园子里的许多花木虫鸟。他的《野草》集中的《秋夜》上写的"在我们后园可以看见墙外有两株树，一株是枣树，还有一株也是枣树"。这是大家都爱咏诵的句子。《野草》以优美的散文，记录了鲁迅在"五四"退潮时期的苦闷心情。《彷徨》也诞生在老虎尾巴里。这本短篇小说集，则以深厚的情感，关注农民和知识分子的命运。

住在老虎尾巴期间，鲁迅一面在教育部任职，同时还在北京大学等高校任教，此时他写了《中国小说史略》讲稿。他还支持和组织语丝社和未名社，出版《语丝》、《莽原》、《未名》等期刊。

许钦文是鲁家的常客，经常在星期日与文学青年到鲁迅家吃饭，一直谈到很晚。那时西三条胡同较为偏僻，军阀的部下又兵匪难辨，深夜时分，鲁迅会让许钦文等男性给小姐们当保镖，护送到人多的地方。鲁老太太常对许钦文的四妹说："有你哥哥在老大（鲁迅）这里，你可多坐一会儿。"一次，鲁迅还约画家陶元庆与许钦文到老虎尾巴交谈。陶在京举办画展，鲁迅特地为他作序介绍，还亲自至帝王庙会场去参观。后来陶为鲁迅画的肖像，一直悬于鲁家客厅。

老虎尾巴虽小，来往的人却多，通常一批人尚未走，另一批又到，连床铺上都坐满人。年轻人无顾忌，说话不注意分寸，有一回忽然发现鲁迅不在了。许钦文听到鲁迅用绍兴话与老太太说："他们同我开玩笑。" 老太太到老虎尾巴门口，说"时间不早了，大先生（鲁迅）喝了点酒要睡了"，众人这才感到冒失，忙伸伸舌头溜走。第二天，许钦文四妹突然找许钦文说，是鲁迅让她来告诉他，昨晚不是对他生气，让他别误会。

1935 年，鲁迅任教的北京女子高等学校，掀起学潮，鲁迅积极声援学生，直接与北洋政府对垒。3 月 11 日，鲁迅在老虎尾巴接到北京女子师范大学学生自治会总干事许广平的一封信。这之后的一个月里，他们之间有八封书信往来。几个月后，二十七岁的许广平向人们公开了她对四十四岁的鲁迅的爱情。鲁迅和许广平在世人的非议和质疑中，冲破世俗的樊篱，走到一起。

鲁迅获得渴望半生的爱情，自然是一件合乎人性的好事。

但可怜了那位从十几岁就嫁到鲁家，一直尽心侍奉鲁老太太的朱安。空为人妇，每天辛苦劳作，夜晚独对孤灯，情何以堪。鲁迅小说《祝福》中的祥林嫂，最大的不幸就是封建社会对她的精神虐待，朱安呢，连祥林嫂都不如。祥林嫂毕竟有过实在的丈夫，有过可爱的孩子，而朱安连名分都没有，甚至没得到过法定丈夫一句歉意的表示。她只能在深夜泪水浸湿了枕头之后，听"哇的一声，夜游的恶鸟飞过"（《秋夜》）。从中我们可窥见鲁迅文化人格的复杂。

鲁迅1912年应教育总长蔡元培之邀，从南京至北京，一直住了十多年。最初他借住南半截胡同七号的绍兴会馆。很多年前，鲁迅的祖父周介孚曾住在这里候选翰林。鲁迅在这里整日抄古书，辑录金石碑帖，校订《后汉书》、《嵇康集》，甚至还一度潜心佛学经典。胡适等人发起新文化运动，开始鲁迅只作看客。1918年他参与胡适、陈独秀创办的《新青年》杂志活动，创作了中国第一部白话小说《狂人日记》，接着又发表《孔乙己》、《药》等短篇小说。鲁迅虽不是首举义旗者，却是遵"文学革命"、"白话文运动"前驱者的命令而创作文学的乘势英雄。正是有了鲁迅的白话文的文学实践，我们民族文学的面貌、气象、精神、灵魂，才从此焕然一新。

　　鲁迅长于创作，有《呐喊》、《彷徨》等；长于翻译，有《死魂灵》等；长于整理与理论，有《中国小说史略》、《小说旧闻钞》等。1930年前后，鲁迅作为一个马克思主义思想家出现在中国文坛，他在京十多年尤其是在老虎尾巴的创作活动，为他成为中国现代文学的奠基人之一，打下了坚实的基础。

鲁迅故居，位于北京市西城区阜成门内宫门口二条十九号。

郭 沫 若

郭沫若于 1963 年携家人搬入前海西街十八号大宅院。在这之前，郭沫若住在西四大院胡同五号。那本来是文学界内较为舒适和精致的四合院，但比起前海西街十八号的住所，不过是小家碧玉而已。

前海西街十八号，原是清乾隆宠臣和珅的一处府邸。 和珅擅权纳贿，贪赃枉法，控制朝政达二十年，后被弹劾，嘉庆帝论罪赐死，抄没家产折银二亿两，故民谣曰："和珅跌倒，嘉庆吃饱。"如此巨富，其宅院的豪华可想而知。后几经转手，民国初，达仁堂老板购得又重建，解放后改为蒙古驻华使馆。郭沫若作为政府高官搬进来时，院落又修葺一新。深宅大院里，小山、花园、房舍掩映于银杏、白皮松和云杉之间，不亚于对面北海公园的美景。

七十一岁的郭沫若，早已功成名就，其诗歌、历史剧、小说、历史、哲学、甲骨文研究等著作早已等身，作为经历过革命各个时期，跨越新文学发展的各个阶段的作家，他在文化战线上取得了优异的成绩和丰硕的创作成果。不过，随着当时政治形势的变化，郭沫若无论在参政或创作领域，却逐渐被边缘化，这是他们那代文化人的宿命。

前海西街十八号，宁静却不是避风港，三年后的那场革文化之命的"文革"，不可避免地涤荡了这个院落。

郭沫若原名开贞，1892 年 11 月 16 日生于四川乐山县富甲一方的书香门第。笔名沫若，取于家乡的大渡河（又称沫水）和青衣江（又称若水）。郭沫若以诗集《女神》意气风发地登上文坛。《女神》是他 1921 年 8 月在上海出版的，晚于"新诗老祖宗"胡适的《尝试集》诗集一年五个月。《女神》是一部充满革命激情和浪漫气质的诗集，它生机勃勃，充满破坏和反抗、革新和创造的精神，鲜明地反映了"五四"的时代特征，奏出了那个时代的最强音。

郭沫若主要是一个诗人，同时也是一个剧作家。他写于1920年的诗剧《棠棣之花》，是"诗意的盘旋"，而其成就最高的历史剧《屈原》，写于抗日战争的1941年。那时，郭沫若别妇抛雏，从日本回到中国，投入抗日救亡运动，是中华全国文艺界抗敌协会的主要领导之一。

《屈原》取材于战国时代楚国爱国诗人屈原一生的故事，以屈原代表的爱国阵线与南后代表的卖国阵线之间的戏剧冲突，成功塑造了爱国者屈原的形象，深刻表现了不畏强暴坚持斗争的主题。

抗战胜利后，郭沫若在重庆、上海、香港等地进行反对内战、争取民主自由和人民解放的斗争，并创作了《革命春秋》等回忆录、小说。

中华人民共和国成立后，郭沫若长期担负党和国家的繁重事务，以及科学文化方面的领导工作，还著有《蔡文姬》、《奴隶制时代》等。性格即命运，在阶级斗争风暴面前，中国知识分子集体失语时，郭沫若却写了些应景谀颂之类的东西，曾被人诟病。这不是郭沫若的错，是时代的悲剧。综观其一生，郭沫若天赋异禀，既是一个诗人和文学家，又是一个学者，还是一个文化巨人。

1978 年 6 月 12 日，郭沫若兴奋地吟出"大快人心事，揪出'四人帮'"，一吐心中多年的积郁后，那颗曾充满激情和浪漫的心停止了跳动。算起来，他在这个院落里住了整整十五年。

这个美丽的如同花园般的院落，怕盛不下一贯拂衣高蹈、不问流俗、追求自由的主人后来的压抑和苦楚吧？

郭沫若故居，位于北京市西城区前海西街十八号。

冰 心

中剪子巷客厅里的一副对联，

影响了她一生

1913 年，参加过甲午海战，后成为"海圻"号巡洋舰副舰长的谢葆璋，接到命令，从山东烟台赴北京，就任海军部军学司长，住进铁狮子胡同中剪子巷十三号一座四合院。谢葆璋在甲午海战时，登"来远"号在威海迎敌，不幸"来远"号被日舰鱼雷击沉，他泅水至刘公岛。后海军名宿萨鼎铭（镇冰）将军，召谢葆璋到他当舰长的"海圻"号巡洋舰当副手。

到北京之后，谢葆璋在中剪子巷十三号的客厅里，悬挂起他一生最敬仰的上级萨鼎铭的对联："穷达尽为身外事，升沉不改故人情。" 这副对联反映出这位北洋军阀时期任海军总长的老人的风度与风骨。

老人的处世态度的通达、真诚，也成了坐在秋千上悠荡的谢葆璋的小女儿谢婉莹仰止的高山，深刻地影响了她的一生。她后来写的《我的故乡》中，就生动地表达了对萨老的品格风范的崇仰。她写道："时至今日，虽然有许多儿时的景仰人物，使我灰心，使我失望，而每一想到他，就保留了我对人类的信心，鼓励了我向上生活的勇气。"

1991 年，我所供职的《当代》杂志，曾刊登了冰心老人《绝句八首——集龚自珍句》等一组文章。之前，我曾到中央民族学院高知楼，拜访过冰心老人。那时，老人不慎摔过跤，坐在轮椅里，虽脸上略显苍白，精神却很矍铄。书房里挂有一副对联，古旧却醒目："世事沧桑心事定，胸中海岳梦中飞。"右上题曰："冰心女士集定庵句索书。" 左下落款："乙丑闰浴佛日梁启超。" 这副对联是 1925 年 5 月 29 日，梁启超应冰心之请而书写的。其时，冰心正在美国留学。她将所集龚自珍诗句寄父亲，再交梁启超题写。从中可以看到冰心古文功底之深，心境的宁静与高远。

我们谈到她家的故居中剪子巷十三号时，她给我讲了萨鼎铭老人的对联及品格。

从山东烟台海边来到北京，谢婉莹住在北屋东间的土炕上。后来，她用笔名冰心发表的《繁星》等清丽的散文，就诞生在这里。

1914年，谢婉莹入灯市口贝满中学，1918年升入协和女子大学理预科，后又转入文学系。1919年"五四"运动时期，谢婉莹积极参加反帝反封建的爱国学生运动。就在这年8月25日北京《晨报》上，她发表了《二十一日听审的感想》，署原名。9月小说《两个家庭》发表，署笔名冰心。对笔名，她在《我的文学生活》一文中作了说明："用冰心为笔名，一来是冰心两字，笔画简单好写，而且是莹字的含义。二来是我太胆小，怕人家笑话批评；冰心这两个字，是新的，人家看到的时候，不会想到这两个字和谢婉莹有什么关系。"世上所传，冰心二字取之"一片冰心在玉壶"，纯属穿凿之语。

1922年元旦，她在《晨报副刊》上发表短诗《繁星》，又应编者之约，把继续写作的杂感式小诗164首，汇集为《繁

21

星》出版。不久，又以《春水》为总题，把她在《晨报副刊》发表的182首小诗结集出版。这两部诗歌集，借鉴了泰戈尔的《飞鸟集》等作品，感情真挚而充沛，诗句清新而轻盈，点点滴滴录下了诗人心中的某种意念，抒发了对人生的咏唱和慨叹，蕴含着冰心所信赖的人生哲学，高扬爱的旗帜，深受年轻读者的喜爱，冰心也成为当时文坛的一朵玫瑰。

往事如烟，冰心少女时住过的这座小院，那架带给她奇妙灵感的秋千，与引起她无数遐想的灰砖影壁，早已杳无踪迹，门牌也改成张自忠路中剪子巷三十三号。

1923年，冰心从燕京大学毕业，得到美国威尔斯利女子大学奖学金，遂赴美留学，攻英国文学。其间，又出版了《寄小读者》，发表《梦》等散文，洋溢着对祖国和亲人的怀念之情。1926年回国，在燕京大学、清华大学女子文理学院任教。抗日战争爆发，举家迁至重庆，积极参与抗日救亡的文化活动。抗战胜利后，到日本讲学。

中华人民共和国成立后，"终于辗转曲折地回到朝气蓬勃的祖国"（《从"五四"到"四五"》），虽已到黄昏岁月，却笔耕不止。

1929 年，是司徒雷登校长在燕京大学临湖轩为她和吴文藻主持了婚礼。

冰心晚年与老伴吴文藻住过的燕南园，入口处有两尊汉白玉花神石碑，是从圆明园移来的乾隆年间遗物。碑上有"吐艳扬芳，四时不绝"碑文，是对冰心一生追求真善美的绝妙诠释。

冰心故居，位于北京市东城区中剪子巷三十三号（原十四号）。

茅 盾

后圆恩寺胡同十三号，
正在凋落的一片枫叶

　　茅盾故居在后圆恩寺胡同十三号。据《宸垣识略》载："圆恩寺在阜财坊，久废。今其地犹名圆恩寺胡同。" 该书是十八世纪清乾隆年间吴长元编著的。圆恩寺十八世纪已不存，因寺得名的胡同却流传至今。

　　后圆恩寺东起交道口南大街，西至南锣鼓巷，与黑芝麻胡同相接。因胡同古老，存有不少大四合院。据传七号曾是清末庆亲王奕劻次子的宅第。奕劻，道光帝之侄，封庆亲王，曾任总理各国事务大臣。1900年八国联军侵占北京，他同李鸿章与各国议和，次年签订丧权辱国的《辛丑条约》。为官期间，贪污受贿，卖官鬻爵，劣迹昭著。当时的七号院极为富丽，故解放前曾为蒋介石的行辕。五十年代初，又曾作为南斯拉夫驻华使馆。

茅盾于1974年起住进十三号，直到1981年病逝，在此共住七年。那七年正逢"文革"动乱后期至改革开放之初，社会发生巨大变革。这几年茅盾从被边缘化的沉默到新时代到来的惊喜，如同冰火两重天。

从"五四"运动开始，茅盾参加新文学运动，于1920年发表《新旧文学评议之评议》，崭露头角。次年发起并建立文学研究会，茅盾担任《小说月报》主编，推出大量富有反封建内容的新文学作品，受到欢迎，也遭遇守旧派的反对和攻讦。后又到商务印书馆，除致力于新文学运动外，积极参与进步的政治活动，成为中国共产党最早的党员之一。

革命军北伐时，茅盾赴武汉任中央军事政治学校武汉分校政治教官。"四一二"政变后，国民党残杀共产党人，茅盾至上海隐居。1927年起创作小说《幻灭》、《动摇》、《追求》三部曲，后结集《蚀》出版。这三部曲以大革命前后小资产阶级知识青年的思想动态和生活经历为题材，展示他们共同的特点和命运。

1930 年，茅盾自日本返国，参加"左联"，与鲁迅一起推动左翼文艺运动。1932 年前后，是茅盾创作最旺盛、收获也最丰富的时期。《子夜》、《林家铺子》、《春蚕》相继问世，表现出茅盾善于刻画错综复杂的社会生活，揭示蕴含其中的历史动向的艺术天赋，并确立了他在中国现代文学史上的重要地位。

抗日战争爆发，茅盾在上海、香港等地办刊物支持抗战。1938 年中华全国文艺界抗敌协会成立，茅盾当选为理事。1941 年"皖南事变"以后，创作长篇小说《腐蚀》、《霜叶红似二月花》等。

1944 年，茅盾到西安八路军办事处，见到大革命时代就熟悉的周恩来和朱德。在他的请求下，朱德与他一起踏上赴延安之路。到延安与毛泽东相见，距与毛泽东在广州分手整整十四年。老友重逢，分外高兴。在延安期间，毛泽东亲自到茅盾住的窑洞，将刚刚出版的《新民主主义论》送给茅盾，

"希望你多多批评啊"。后毛泽东又将茅盾邀到杨家岭，长谈关于上海文艺斗争和抗战以来文艺运动发展诸问题。

后茅盾接受中央派他到重庆担任文化委员会常委的工作，向毛泽东辞行时，将两个孩子交给毛泽东说："请党来教育他们吧！"毛泽东风趣地说："你把两个包袱扔在这里，可以轻松上任了！"1945 年 1 月，周恩来持毛泽东给茅盾的亲笔信到重庆见茅盾。信中有"很想和你见面"等话。七个月后，毛泽东到重庆与蒋介石谈判，茅盾携夫人前往拜访，和马寅初一起与毛泽东深谈两个小时。

1949 年，在北京参加第一次文代会，当选为全国文联副主席及文学工作者协会（中国作协前身）主席。他和胡适、鲁迅、郭沫若一起，为中国现代文学奠定了基础，成为文学巨匠。

茅盾在上个世纪五十、六十、七十年代，再无长篇小说诞生。 这对一个极富才华的作家来说，无疑是个悲剧。

七十八岁的茅盾搬到后圆恩寺胡同十三号时，已是生命的黄昏，如同红似二月花的霜叶，在萧瑟的秋风中凋落、飘零……

茅盾故居，位于北京市东城区后圆恩寺胡同十三号。

老　舍

从小羊圈到丹柿小院，
再到自沉太平湖的悲剧

光绪二十四年（1898）农历腊月二十三日，西城小羊圈胡同（现改为小杨家胡同）八号一座小院里，一个男婴呱呱落地于一间破屋。那天正赶上旧历小年，家家户户都忙着祭灶、炖肉、蒸馒头，送走灶王爷，不几天就春节了。于是家人给他取名舒庆春。

1898年即戊戌狗年，是个曾给国民一丝希望的"戊戌变法"年，舒庆春来到这个世界，正逢狗年岁尾，姑母昵称他"小狗尾巴"。

小羊圈胡同，位于新街口南大街，是东西向的小胡同。舒庆春后来成为作家老舍时，这样介绍这条胡同："说不定，这个地方在当初或者真是个羊圈……略微有一个两个弯，而是颇像一个葫芦。通到西大街（新街口南大街）去的是葫芦的嘴和脖子，很细很长……眼前一明，你看见了葫芦的胸……又一个小巷——葫芦的腰。穿过腰又是一块空地。"空地的东面是护国寺的西廊墙下。小羊圈胡同狭窄、简陋、凹凸不平，墙皮剥落，老舍就在这里度过了童年。这里的一砖一瓦、一草一木都成了他生命年轮的一部分。他的作品中几乎都与这里有关。三十年代写的《小人物自述》，四十年代写的《四世同堂》，六十年代写的《正红旗下》等小说，小羊圈都是小说人物生活的重要场景。

老舍出身于一个贫寒的旗人家庭，父亲是个每月挣三两饷银的皇城护军，在老舍不到两岁时，为镇守正阳门，失踪于"庚子事变"八国联军炮火下的巷战中。从此一家人"全仗母亲独力抚养……母亲要给人家洗衣服，缝补或裁缝衣裳"。这位勤劳、倔强、为人热诚的劳动妇女，同时在精神上哺育了老舍。

靠慈善家的接济，老舍才得以迈进学校大门。老舍十二岁时，清朝已被推翻。小学毕业后，他"偷偷的考入了师范学校"。十四岁，老舍告别了小羊圈胡同，告别了父亲留下的几盆石榴和夹竹桃，还有那棵歪歪扭扭的老枣树，再也没回来。

老舍是1949年12月，译完《四世同堂》后，应周恩来之邀，从美国旧金山回到北京的。征得周恩来的同意，老舍用从美国汇来的五百美元版税，兑换成一百匹白布，添置了灯市西口丰盛胡同十号这处两进四合院。此院在美术馆南、隆福寺西，东临繁华的王府井大街，是城市中心又闹中取静。明代时，此地有丰盛公主的府邸，故以之命名。清乾隆时又称"风筝胡同"，后改为丰富胡同，门牌也变成十九号。

小院坐北朝南，进小院，迎面有一座砖砌影壁，门侧有两间小南屋，为看门人的住房。绕过影壁是小外院，有两大间正房，一间厕所，一间杂物室。二门后是一座木影壁，后面便是较大的里院了。有起脊五间北房、三间东西配房。三间北房，为老舍的客厅，老旧硬木家具古色古香，壁上悬有齐白石等名人字画，充满书香之气，常年都摆放盛满时令瓜果的果盘，一个插满四季鲜花的花瓶，使光临书房的宾客感到无比的温馨和生气盎然。小院里种了鲜花和两株柿子，秋天时，柿树枝头挂满红色果实。夫人胡絜青，是画家，给自己的画室起名"双柿斋"，老舍称"丹柿小院"，为京城文艺界一处有好景致的文艺沙龙。

老舍在"丹柿小院"住了十七年，在这里创作了话剧《方珍珠》、《青年突击队》和经典之作《茶馆》，小说《正红旗下》等。1951年，早齐白石两年，他被北京市政府授予"人民艺术家"称号。而他的代表作《骆驼祥子》、《月牙儿》、《四世同堂》、《茶馆》等也都得到较高的国际声誉。

1966年8月，躲过建国后历次政治运动劫难的老舍，最终还是遭遇了让文化人万劫不复的"文革"风暴。他在受到人格的凌辱和肉体的创痛之后，平静地告别"丹柿小院"，投身太平湖。那天，他换了一身干净体面的衣服。

太平湖是什刹海游离出的野湖。三十年代，老舍用积存的微薄稿费，在湖畔给老母买了几间小屋。多年以后，当他蒙羞投太平湖时，一定想到那个将他抚养成人的勤劳善良的母亲，在天国那边，母亲在等待与儿子的团聚……

在太平湖投湖自尽的，还有1918年11月3日的梁济。临行前，他和儿子梁漱溟相遇，问他："世界会好吗？"儿子答，总会一天天好起来的。三天后，梁济投了太平湖，为一个朝代的灭亡而殉节。而老舍自沉太平湖，捍卫的是人的尊严。王蒙说："老舍的'太平湖'的悲剧性超过了骆驼祥子。"（《一笑集》）

1978年初，老舍得到平反。他那被善良的人冒风险而偷偷保存的遗骸，安葬在八宝山革命公墓，并举行了骨灰安放仪式，茅盾到场致悼词。

丰富胡同老舍故居，那两株丹柿静静地如同平和的老舍，在那里迎迓着来自四面八方的客人……

老舍故居，位于北京市东城区丰富胡同十九号（原十号）。

丁　玲

命运在北京胡同的七次迁徙

　　丁玲是个有创作个性的作家，总是以自己独特的理解，去把握与描写生活。她的作品不回避矛盾，始终关注个性解放、妇女解放等问题。从这样的角度切入生活，揭示人物命运，反映中国实现现代化的艰难历程，这既确立了她作为一位杰出作家的历史地位，也注定了其不断地遭受"批判"的厄运。

　　丁玲，原名蒋玮，于1924年入北京大学旁听，修习文学、绘画，与北京结下了不解之缘，成为北京胡同的一个漂泊者。

　　1924年的一个炎炎夏日，蒋玮与曹孟君住进了西单劈柴胡同，这年她刚刚二十岁。两年以后，同是花样年华的胡也频和蒋玮在银闸学生公寓同居。两个相爱又志同道合的年轻人，每天到北大听课。自胡也频可用作品赚取二十元稿费开始，他们结束了靠蒋玮母亲每月从湖南寄钱来度日的拮据。1927 年的秋天，他们又搬到沙滩汉花园二楼十号，与沈从文、戴望舒成了邻居，这为后来她与沈从文的恩恩怨怨埋下伏笔。在这小楼里，蒋玮诞生了第一篇短篇小说《梦珂》，她以笔名"丁玲"忐忑地寄给上海《小说月报》，主编叶圣陶慧眼识珠，编发在《小说月报》十八卷十二号上。

同年冬，丁玲的《莎菲女士的日记》发表。其作品着重渲染了人物的叛逆性格及主人公在社会剧变中的内心骚动，对社会现实进行揭示的力度，完全区别于冰心、凌淑华等女作家大家闺秀式的柔和秀丽，让文坛刮目相看，丁玲因此一举成名。

有趣的是，丁玲极具文学才华，却在成名之前始终低调。沈从文在《记胡也频》一文中说："《梦珂》初稿已常常有一页两页摆在一小写字桌上，间或为熟人看到了，问这是谁的文章，打量拿到手看看时，照例这位女作家一句话不说，脸儿红红的，轻轻地喊着，'唉，唉，这可不行'……若好奇一点，无意地问着'这莫非是想作第二个冰心的人写的？'那一面一定将说'没有的事，文章自然是你们男子做的事，女人哪里有份'。"

丁玲一辈子未承认自己就是那个叛逆的莎菲。从沈从文的笔下看，丁玲的确不完全是莎菲，但纵观丁玲一生始终关注个性解放来看，的确与莎菲有太多相似之处。

丁玲在大革命失败后的1928年，与胡也频、沈从文三人相继离开死水无澜的北京前往上海。丁玲的命运也随之掀起大波大澜，入党、被捕，胡也频被杀……

丁玲于1936年岁末到延安，第一次见到她的中学同学杨开慧的丈夫毛泽东。丁玲与毛泽东相谈甚欢，特别是国统区的才女刚到延安，就要求上前线打仗，毛泽东颇为欣赏。到彭德怀麾下当兵的丁玲，在甘肃收到毛泽东电报，有《临江仙》词一阕，其中有"昨天文小姐，今日武将军"句。从此丁玲与毛泽东成为朋友。在延安审干、整风等关键时刻，毛泽东都帮其讨回清白。

丁玲重返北京，是在1949年6月。一年前，毛泽东曾亲自对她讲过："你的名字是在鲁（迅）、茅（盾）、郭（沫若）一等的。"此番回京，大有衣锦还乡的荣耀。

丁玲住在东总布胡同二十二号一座小楼里，又与沙可夫、陈企霞成为邻居。房屋别致舒适，卫生间有热水。

1951年，丁玲又移居多福巷十六号一座四合院里，与马烽、康濯等作家共享北京四合院的幽静清雅。她备受国家重用，先后任文联第一副主席，文协党组书记，中宣部文艺处处长，作协副主席，《文艺报》、《人民文学》主编……在中国政治舞台上丁玲光彩夺目，而与过去的老友沈从文诸君，早已形同陌路。丁玲的对手们此时正在磨刀霍霍。不久，这位"在天上飞来飞去"的名作家（沈从文语），终于厄运临头。

1955年，在打倒胡风，整肃了一批知识分子之后，"丁、陈（企霞）反党集团"、"丁、冯（雪峰）反党集团"相继受到批判，丁玲被划为"右派"，开除党籍，撤销一切职务。

1955年萧瑟的秋天，丁玲自掏腰包，买了后海南岸大翔凤胡同三号一座独门小院。僻静的小院，却难以安放早已疲惫不堪的灵魂，不久，丁玲又从这里被押走，放逐到黑龙江密山农场劳改。大翔凤胡同三号的这座小院，丁玲在去东北时卖给了马烽。在改革开放之初，又成为《小说选刊》的编辑部，茅盾文学奖得主老作家李国文作为主编，曾在此办公。后该院又改为《民族文学》杂志的办公场所。"文革"期间，丁玲带着手铐被押回北京，没有住到这座小院，而是关进北京秦城监狱。

粉碎"四人帮"之后，丁玲平反昭雪，不久丁玲与牛汉等创办《中国》大型文学杂志，最终被勒令停刊，给中国文学史留下了一桩尴尬而又荒诞的案例。

丁玲于1986年3月4日平静地告别了这个给她带来太多荣誉和太多苦难的世界，结束了在北京候鸟般不断迁徙的生活，享年八十二岁。

北京市西城区大翔凤胡同三号，丁玲故居之一。

曹　禺

铁狮子胡同一号，

小洋楼禁锢了剧坛的雄狮

　　曹禺曾在铁狮子胡同一号（现改为张自忠路五号）住过，因时间不长，或可不叫故居。但有意思的是，现在却成了与曹禺曾同住一院的"欧阳予倩故居"。

　　铁狮子胡同因一家宅第前有两铁狮子守门而得名。明朝天启年间，铁狮子守门的院里，住着司礼监大太监王体乾。在东林党与阉党间的大搏杀中，王体乾与魏忠贤沆瀣一气，血腥屠杀对手，可几年后也落得戮尸灭族的下场。此宅第频

42

频易主，后赐给崇祯帝的宠姬田贵妃的父亲田弘遇。此公恃宠而奢华跋扈，铁狮子胡同一号成为朝臣盘桓行乐之地。田弘遇从姑苏弄来名妓陈圆圆，被前来饮宴的吴三桂要去。李自成攻入北京，此宅由李自成手下刘宗敏占据，陈圆圆也被其强占。由这个姑苏名妓，引发了种种事变，陈圆圆也闻名于天下。

到了清朝，康熙将此宅赐予九子允禟。在争夺皇位的搏杀中允禟落败，此宅第遂改为和亲王府。辛亥革命成功后，袁世凯在此宣誓就任中华民国大总统。后来又成段祺瑞执政府所在地。1926 年 3 月 18 日，段祺瑞在此下令屠杀学生，鲁迅称之为"民国以来最黑暗的一天"。

1949 年，那对见证历史的铁狮子已不知失落何处。政府将这个大院的两处改为"中国人民大学"和"中央戏剧学院"，一批当时的文化名人，也入住到这里。

那时的曹禺，心情特别高兴。1949 年 10 月 1 日举行开国大典，亲历过这一时刻的曹禺，后来写道："那真是高兴，知道国家站起来了"，"我还赶上过二十一条那件事，唉，不快活的日子太多了。从一九四九年以后，心里好过了"。

曹禺就是怀着这样幸福的心情，住进了铁狮子胡同一号的。

这个院落里有幢别墅小洋楼，在前出廊后出厦的四合院中，格外抢眼。别墅里主要是办公室，杨尚昆的夫人、中央戏剧学院副院长李伯钊住楼下，楼上除有一副院长办公室外，还住有三口之家。他们是曹禺和夫人及他们的孩子——如今已成著名剧作家的万方。

作家邓友梅曾给笔者讲过发生在这个大院的故事。院里有三个孩子，一个是曹老的闺女万方，一个是戏剧家欧阳予倩的外孙女圆圆，还有一个是著名演员童超家的宝贝团团。方方正正、团团圆圆，很是吉祥。一日，突然发现圆圆丢了，曹禺等邻居帮助寻找，全院心急如焚。这时圆圆的外公欧阳老从屋里慢悠悠踱出说，刚接到圆圆爷爷的电话，说他来看完我，走时见孙女正在院里玩儿，实在太招人爱，就鬼使神差地未打招呼把圆圆抱上汽车，让全家人看看，到家才想起忘了告诉我们一声。曹禺等人苦笑着摇摇头。圆圆的爷爷便是毛泽东湖南第一师范的同学田汉。

曹禺（1910—1996），原名万家宝，生于天津。他家那栋连排式洋房，在意大利租界民主道，离我家很近。1948年

44

后七岁的我还随祖父登门拜访过曹家。曹禺之父留学日本，回国任清直隶卫队标统。北洋政府时期，被授予陆军中将衔，后在津作寓公。他颇有文才，常舞文弄墨，对曹禺很有影响。曹禺继母是戏迷，精通各种剧种，受其影响，曹禺对戏剧也情有独钟。1928 年入南开大学，南开大学繁荣的戏剧活动，对其成为戏剧家，起了决定作用。曹禺晚年说："南开新剧团是我的启蒙老师，不是为着玩儿，而是借戏讲道理。"

1933 年，他在清华大学念书时，完成了处女作《雷雨》草稿。五年构思酝酿，数次修改，最后又以半年时间五易其稿。当初，曹禺并无意发表，但巴金看到后，怀着极大兴趣将《雷雨》全剧一次刊在《文学季刊》上。《雷雨》从两个家庭的三十年错综复杂的纠葛，写出了不合理的关系造成的罪恶和悲剧，引起极大轰动。

1935 年，曹禺又在《文季月刊》上发表《日出》。该剧表现的是都市生活上层和下层的复杂社会的横剖面。两年后，与何其芳散文集《画梦录》、芦焚的小说集《谷》，同获《大公报》文艺奖。

抗日战争前夕，曹禺的视野从城市转向农村，发表了描写复仇的奇谲的《原野》，毁誉参半。后来又写了《蜕变》、《北京人》等剧作。

曹禺搬进铁狮子胡同一号后，没有再推出新作。他似乎更沉醉于天伦之乐。他常常把女儿万方抱上小车儿，推着她在西院的树荫花丛中玩耍，听着女儿尖声兴奋地叫喊，他脸上便绽开了笑容。

曹禺在建国后创作的《明朗的天》，属现实生活中的知识分子思想改造的题材。由于该剧是"奉旨创作"，出于急功近利的创作动机和时代的局限，带有明显的理念说教色彩。剧作苍白无力乏善可陈。曹禺在别墅小洋楼里心情沉郁可想而知。

有人说真正能代表曹禺建国后创作成就的，当属他与于是之、梅阡合作的历史剧《胆剑篇》，但有一次笔者与曹禺闲聊，谈到这一话题时，曹禺先生说了一句耐人寻味的话："被绑住手脚，纵有十八般武艺，焉能写出好东西？"

刘半农说，"一个人的思想情感，是随着时代变迁的"。当时的左倾政治，禁锢了曹禺的创作才能，而成为官人的曹禺，注定会被左倾政治所化，放弃知识分子本应坚守的某些品格。

曹禺在历次政治运动中的表现，自己一直讳莫如深，但历史并不会很快斑驳成尘。

建国之初，曹禺怀着亟待改造的忏悔和赎罪的心情，积极参与政治活动，表现出他追求进步的政治热情。他的作品受主题先行的影响，突出政治，远离生活，也无可厚非，这是老一代作家共有的经历。但曹禺在对胡风、丁玲等文化人的政治整肃中，对胡风、丁玲、吴祖光、萧乾这些老朋友的揭发批判，不仅有洗清自己的嫌疑，甚或还有点儿落井下石的味道。若干年后的1986年，曹禺对自己当年的"神仙"日子，进行了一番非正式的反思："我写的一些文章是很伤了一些老朋友的心的，那时，我不得不写"，"历史证明，是做错了，真对不起那些朋友！"（引自1986年10月8日与田本相一次谈话，见《思想的时代》）到此，他又把心扉关闭了。

曹禺的世界，有许多难以整理的矛盾，许多故事和叙说，不免永远萦系于理性与情感的相冲突之中，飘零于文学之海。曹禺的形象，或许会永远模糊下去。

北京市东城区张自忠路五号，是个文人荟萃的小院，墙上镶有欧阳予倩故居字样的牌子，曹禺、光未然也曾在此居住。

艾 青

东总布胡同四十六号，

"风云才略已消磨"的诗人

艾青在建国初住在东总布胡同四十六号。后来严文井、赵树理等作家也住在这个大院里。因文人集居，萧乾戏曰此院为"大酱缸"。

1949年初，艾青以"接管人员"的身份接管中央美术学院，并参加全国文联和作家协会的筹备工作；参加第一届政治协商会议，不久又当了《人民文学》杂志的副主编。那时的艾青意气风发，豪情万丈。

艾青是个具有独特风格的诗人，他的诗总是蕴藏着一种深沉的感情，对中国当代诗有着深刻的影响。智利诗人聂鲁达称艾青为当代"中国诗坛的泰斗"。

艾青原名蒋海澄，自小在浙江金华山村长大，受到他的保姆农妇大堰河的抚养。这培养了他对劳动人民的深厚情感，也成为他日后诗歌创作重要的生活源泉和思想基础。1929年，他在画家林风眠的鼓励下赴法国勤工俭学。1932年"一·二八事变"，他从马赛回到上海，加入"中国左翼美术家联盟"。

艾青学美术，却喜欢写诗。一天，同宿舍的一位诗人见到艾青在归国途中写诗《会合》，"是纪录反帝大同盟东方支部在巴黎开会场景的"（艾青）。诗人就自作主张，写了个条子："编辑先生，寄上诗一首，如不录用，请退回原处。"寄到"左联"刊物《北斗》。这家由丁玲主编的期刊居然发表了，这促进了艾青从美术转向文学的步伐。

一次在"春地画会"上，鲁迅来参观，艾青第一次见到鲁迅。看完画展，鲁迅还捐款五元。艾青将"收条"交鲁迅，他悄悄揉了一下丢掉。这之后不久，因法租界巡捕将艾青等十二位年轻美术家逮捕，一囚就是三年。

1933 年，蒋海澄第一次用艾青笔名，写了《大堰河——我的保姆》，一举成名。1941 年"皖南事变"后，艾青在周恩来的帮助下，与另外四位作家一起到延安。毛泽东与他一起多次讨论文艺问题后，发表了《在延安文艺座谈会上的讲话》。艾青到抗日前线前夕，毛泽东致信给他说："赞成你去晋西北，但不宜走得太远，因同蒲路不好过"，并指示他"蹲在延安学习一下马列"。

　　艾青在《大堰河——我的保姆》中，有"为什么我的眼里常含泪水？因为我对这土地爱得深沉"。这诗中火一般的激情，曾打动了无数读者。

　　解放初，艾青与齐白石的真挚友谊，也曾感动过文艺界。1949 年，艾青与江丰、沙可夫三位北京军事管制委员会文化接管员，走进齐白石的跨车胡同十三号宅第。艾青表示是来看望白石老人的。老人当即叫人铺纸研墨，给每人画了一张画。给艾青的是幅二尺水墨琴条，有四只小虾和题款。上有"白石翁"印章，另有"吾所能者乐事"闲章。后来，艾青调到了中央美院当军代表，对聘来的齐白石教授格外予以关照。学生说齐白石每月才来美院一次，画一幅画给学生做示范，却领一份教授工资，不合理。艾青以保护名画家，体现党的知识分子政策为由，晓之以理。院长徐悲鸿甚为赞同。相交中，齐、艾成为好友，白石老人还应艾青"画一张从未画过的画"之请，真的别出心裁，画了一张一条腿被水草绊住的青蛙，老人题曰："青也吾弟，小兄璜，时同在京华，深究画法，九十三岁时记。齐白石。"忘年之交却兄弟相称，足见相交之深。

1957年那个肃杀之秋，艾青最后一次去看望病中的白石老人，竟从此永诀。九十五岁的白石老人去了天国，而艾青被打成右派，下了地狱，先后被流放到黑龙江和新疆劳改。

1976年10月，艾青二十多年的沉冤终于昭雪，重获创作自由。1983年，艾青被选为第六届全国人大常委，又过两年，法国授予艾青文学艺术最高勋章。

人生是复杂的，人也随着复杂。诗人艾青的一生可谓经磨历劫。而他的感情世界和家庭生活也未尝不是如此。1935年，二十五岁的艾青奉父母之命完婚，四年后，在常州武进女子师范当国文老师的他，又与十八岁的女学生张月琴相爱并结婚。1955年与已生二女一子的张月琴离婚，三个孩子判给艾青抚养。次年又与中国作协一女干部结婚。艾青的婚姻变化，让他陷入与子女的恩怨纠葛之间。后来成为著名油画家的艾轩，每每回忆起父亲艾青对他的冷漠，心里总有难以忘怀的伤痛。他记得一次吃早点，他只说了一句"爸爸杯中的牛奶比我多"，艾青就站起来，把杯中的牛奶倒入他的杯子中，眼睛瞪着他，牛奶溢了一桌子，然后没事似的去沙发上看报。那溢在桌上的刺眼的白色牛奶，艾轩"一辈子都记得"。智利诗人聂鲁达到东总布胡同艾青的住处看艾青，新夫人把三个孩子锁在旁屋，半夜才放他们出来，还要拷问他们是否偷吃苹果了。有时艾青和夫人为争存款而常常发生"战争"，甚至打得头破血流，三个孩子无法忍受，只好去天津投奔生母。艾青那时的心是寂寞的。

艾青是位诗人，既不是政治家，也非道德模范。其对中国诗歌的影响并非开风气之先，只是助唱而已，算不得洪钟大名，但从他诗中洋溢着的无比温暖的文化情怀中，可窥见一个鲜活的文化灵魂。时代赋予他的痛苦，也是当时文人的痛苦。

艾青的一生，有天风海涛，又有人间怨断，亦有情感迷失，如同龚定庵的一首诗："风云才略已消磨，寥落吾徒可奈何。诗渐凡庸人可想，夜闻邪许泪滂沱。"说得端是透彻。

北京市东城区东总布胡同五十三号（原二十二号），曾是中国作家协会办公的地方，也是一些作家和领导人的宿舍。艾青、陈企霞、丁玲等在这里住过。

田　汉

田汉的故居在东城细管胡同九号。细管胡同在明朝时属教忠坊，时称水塘胡同。清时改为水塔胡同，1949 年称细管胡同。胡同本宽敞，为何称细管，无可考。

田汉是 1956 年年近六十时，扶着八十老母与妻子住进这座两进四合院的。一间开得高高的门楼，厚厚的院墙诉说着昔日主人的阔绰。

田汉在此安家，停下多半生匆匆的脚步。　一排高大的正房，左右对称的厢房，围住一个大大的院落。田汉种树栽花，把院子收拾得漂漂亮亮,从伏案写作的书斋凝望院里那片碧绿，与老母坐在院里石桌上喝茶赏月，享受天伦之乐，让这位文艺战士很惬意。田汉在这个温馨的四合院完成了《谢瑶环》、《文成公主》和倾注一生心血的《关汉卿》，在国内外引起巨大的反响。特别是《关汉卿》在日本演出之后，轰动东瀛。

田汉曾于1917年随舅父东渡日本，先学海军，后改修教育。因热爱文学艺术，和同在日本的郭沫若等人结为挚友。

1921年，他在上海任编辑，与妻子易漱瑜合办《南国半月刊》并创办"南国社"，七年后扩大"南国社"，成立南国艺术学院。

写于1929年的《名优之死》，是他的代表作之一，通过主人公的反抗性格及其命运，揭露狐鬼横行的旧社会。田汉参与左翼戏剧运动的领导后，创作了大量戏剧电影作品，如电影《风云儿女》的插曲《义勇军进行曲》，就是田汉作词，聂耳作曲的,在抗日反帝斗争中鼓舞和激励了无数中华儿女。

1949年，在第一次全国政协会议上，早在三十年代就认识田汉的徐悲鸿，第一个提议把《义勇军进行曲》作为共和国的代国歌。代表支持，周恩来赞成，毛泽东同意，政协会议通过这一提案，《义勇军进行曲》成了国歌，词作者田汉的大名家喻户晓。

"左联"时期，田汉与周扬等四人，有宗派主义倾向，不利团结，鲁迅批之为"四条汉子"。鲁迅在《答徐懋庸并关于抗日统一战线问题》一文中写道"去年的有一天，一位名人（夏衍）约我谈话了，到得那里，却见驶来一辆汽车，从中跳出四条汉子：田汉、周起应（周扬）、还有另两个（夏衍、阳翰笙），一律洋服，态度轩昂，说是特来通知我：胡风乃是内奸，官方派来的。我问凭据，则说是得自转向以后的穆木天口中……"四条汉子诬陷抵毁同是"左联"战士的胡风，连鲁迅都看不过去了。1949年后，"四条汉子"在文艺界掌权，仍有排斥异己的倾向，给文艺界造成不利影响。这是当时的政治环境使然，但与个人道德似乎亦有关系。周扬晚年对此已有忏悔，足见其人格的磊落。

新中国建立后，田汉成为全国戏剧家协会主席。反右斗争时，他因写了《十三陵水库畅想曲》，为违背经济发展规律的"大跃进"大唱赞歌，竟歪打正着地逃过了1958年的反"右"一劫。

57

几年以后，他创作的抨击社会黑暗、为民请命的真正的艺术作品《谢瑶环》却遭到另一批"棍子"们的攻讦，重复着他们整肃胡风的悲剧，只不过受害者的角色换了而已。

1966年12月的一个夜晚，"文革"的风暴裹挟着寒风袭来，已被批斗得筋疲力尽的文联副主席田汉，从细管胡同家里被人抓走，关进监狱。二十二年前，也因为写剧本，田汉被国民党投进大牢，后由徐悲鸿等人救出。这是田汉个人的宿命么？也是中国文化人的宿命么？

田汉于1968年12月含冤离世，距被抓走整整两年。死前他连姓名都被改为"李伍"。"文革"不仅要了他的命，还剥夺了田汉一切做人的尊严。那曾经令人惬意的偌大院落，如今除了破败就是荒芜。可怜他那九十多岁的老母亲还在那里苦苦等待着儿子的归来。她哪里知道，在她不甘心地咽下生命最后一口气的1971年12月，同样思念她的儿子已早她三年，化作一缕轻烟走了。

田汉1966年12月被抓，两年后的12月辞世，五年后的12月母亲仙逝，呜呼，对田汉母子来说，12月真是个杀气太重的月份。

田汉故居，位于北京市东城区细管胡同九号。

郭 小 川

黄图岗十三号，

惊世骇俗辞官从文的骚客

1958 年，诗人郭小川住进了黄图岗胡同六号，后门牌改
为十三号。

黄图岗听起来有点土气，却位于北京最繁华的王府井大
街路西。南临灯市口，北靠东厂胡同，往西与老舍故居丰富
胡同相邻。旧时称黄土坑。这虽是一条曲里拐弯的胡同，却
住着不少当时的作家和诗人。四十号是《暴风骤雨》的作者
周立波住宅，诗人李季与郭小川同住六号东院。后来不断有

作家和文化官员住到这里，如冯牧、葛洛等。

黄图岗胡同六号坐北朝南，是两进院和东跨院组成的大院落，门侧有一对石狮门墩，门前有两块上马石，可以想见，昔日这座宅第的主人该是非常显赫的。据《宸垣识略》载，"明永乐十五年（1417）建十王邸，通为屋八千三百五十楹。宣德三年（1428），作公主府三所于诸王邸之南"，指的就是西灯市口一带。故推测，黄图岗六号，或可是"王邸"之一。黄图岗六号当时是《诗刊》编辑部所在地，于是此院成了作家诗人常来走动的大院。一到夏天，大院里古槐、白蜡、千头椿、枣树、海棠等树郁郁葱葱，葛洛还在院里种了各种葡萄。后来，该院归我所供职的人民文学出版社所有。

刚住进六号院的郭小川，已是中国作家协会党组副书记、秘书长，出版了《投入火热的斗争》、《致青年公民》等诗集，是风头正劲的诗人。不久，他辞去一切职务，深入到各地去写诗，这在官本位盛行的时代，委实是一惊人之举，遂有《将军三部曲》等优秀诗作不断问世。

1966年9月，郭小川从西北采访归来，便被批斗和关押，两年多以后，与我社的领导韦君宜、屠岸等一起下放到咸宁中国作协"五·七"干校，接受劳动改造。后被借到国家体委工作，然而工作不久即因在《体育报》上发一首《万里长江横渡》诗歌，再被押回咸宁干校"隔离审查"。

就在郭小川倒霉的时刻，他的老首长王震将军想到他。王震为保护小川不再受迫害，把他调往河南。正当他年富力强，创作趋于成熟，准备再为革命作贡献时，又一道命令下来，他又重新调回咸宁"五·七"干校监督劳动。

1974 年底，郭小川被押往团泊洼。在那里，他写出《团泊洼的秋天》与《秋歌》这两首堪称经典的长诗。次年 10 月，中央宣布了对他的"审查报告"，恢复党组织生活。他回到北京，旋即受到华国锋等四位中央领导的接见。

"四人帮"被粉碎后时，他欣喜若狂。或许是应了"乐极生悲"的老话，10 月 10 日，正是金秋送爽的时节，他服安眠药又抽烟，不慎引起火灾，结果惨遭不幸。那年，这位曾经的三五九旅的战士和共和国诗人刚刚五十七岁。

每当我到黄图岗十三号，当年的黄图岗六号院，走过他过去的书房，就会不禁在心底诵起他的诗句，"人民的乳汁把我喂大，党的双手把我育成……"诗的感情是真挚的，但句句感恩，对诗人来讲，就未免浅薄。

每当我漫步于黄土岗十三号时，同时又会想起曾与郭小川共事过的我的老领导严文井讲的几个事。上个世纪40年代，年轻而已颇有名气的郭小川，写了一首长诗《草鞋》，投到《解放日报》。陈企霞看了，觉得诗应在歌颂革命人上下功夫，不应着力去表现草鞋，于是压下未发。郭小川知道后，大为不满，说："陈企霞有什么了不起，不过是个普通编辑，怎么能这样压制革命事物！"后在陈泰怀著的《悲怆人生——陈企霞传》中，得到印证。郭小川一直闹到党的领导人之一的张闻天处，张支持了陈企霞。后来在五十年代中期，周扬等错误地把丁玲、陈企霞整成了"丁、陈反党集团"的斗争中，郭小川作为中宣部机关党委组织的工作小组成员之一，并没有坚持实事求是。1957年7月25日，作协党组扩大会议上，被"周扬指为有大功劳的刘白羽，以及邵荃麟、诗人郭小川等"，"最为活跃"得意（徐光耀《昨夜西风凋碧树》）。后来，我从郭小川1967年7月11日写的"交代材料"中，又看到郭小川把制造"丁玲、陈企霞反党集团"的责任，全部推到周扬身上，他说周扬为"把作协的阵地抓到自己的手上来，

63

搞了丁玲……搞出成绩给中央看"。

周扬晚年，对自己的宗派主义、"左"倾政治错误，做了触及灵魂的反省；诗人郭小川过早辞世，让我们无缘听到一个优秀诗人的自剖和灵魂的号哭。

位于北京市东城区黄图岗胡同的十三号
（原六号），是一个坐北朝南的两进四
合院和东跨院，郭小川、李季、冯牧、
葛洛等都曾在这里居住过。1984年，这
个院子和部分黄图岗胡同已被拆掉。故
迹无寻，图为现存的黄图岗胡同二十四
号，距原来的十三号不远。

王 国 维

清华园十六号，
白发书生寂寞心

王国维的故居在清华园十六、十八号两处院落。

"清华园，明李戚畹别业，临丹稜沜，园广十里"，"前后重湖，一望漾渺，在都下为名园第一。"（《宸垣识略》）清朝变成王府和太子的书斋。清宣统三年（1911）改为清华大学校舍。

王国维是于1925年从寄居的宣武门内新帘子胡同，搬到清华园十六号的，他周围的邻居，皆是社会名流：陈寅恪、朱自清、闻一多诸公。

当时，王国维与梁启超、陈寅恪、赵元任被誉为"清华四大教授"，闻名遐迩。十六号五间为他的书斋，十八号七间为起居处。古木葱茏，修竹碧绿，出两院往东，是千亩稻田，田园风光，宁静幽雅。

王国维是近代学贯中西、享誉海内外的著名学者，在近代文学批评史和美学史上，占有重要地位。他的文艺批评是我国现代纯文学批评的发端，他把我们的文学批评从创作的附庸提高到自觉的、独立的学科地位，成就卓著，无出其右者。

王国维（1877—1927），初名国桢。名国维，取意《诗经》"其命维新"（《大雅·文王》）。浙江海宁人。王国维"性讷钝，好谈时务；嗜古籍，而不喜于帖括"。十六岁即中秀才，名震乡里。中日甲午之战后，接触新学，倾慕西方文化，光绪二十四年（1898）北到上海。二十七岁在罗振玉资助下赴日本留学，一年后归国，研读康德、尼采并任教于南通师范学校等校。后进北京，任学部总务司行走等职。辛亥革命后再度留学日本五年。此期间，以清朝遗老自居，从事甲骨文、金文和汉晋简牍考释。1922年，应清废帝溥仪之召，入故宫任书房行走，次年溥仪被驱逐出宫。王国维以前未曾入仕，治学为其本色。三十五岁前，王国维以求学、教学、研究为主。后期东渡日本，转而从事古器物、古史的考据。期间虽世事变化，鹿鼎频争，但尚未波及其生活。但到北京入故宫后，与废帝渐有感情，虽未参加罗振玉之流的政治活动，冯玉祥的逼宫之变，还是让他受到刺激。他的诗"欲寄彩笺无尺素，山长水阔知何处"，便反映了他对人生的困顿与迷惘。王国维于1925年，任清华大学研究院教授，从事西北边疆史地研究。1927年，留下"五十之年，只欠一死，经此世变，义无再辱"遗言，向朋友借钱，乘车到颐和园，自沉昆明湖。

其实，自溥仪被驱之后，他就想投紫禁城南的御河，他并非想为覆灭的王朝尽忠，而是无法接受世变对情感和人格的羞辱。他毕竟是悲怀的持有沉抑收敛性格的王国维。悲观者对死的态度远非常规，正如佛陀的生死观迥异于世俗。

王国维的死，让学界的朋友感到悲痛，陈寅恪挽之云："十七年家国久魂消，犹余剩水残山，留与累臣供一死；五千卷牙签新手触，待检玄文奇字，谬承遗命倍伤神"。陈寅恪与王国维之谊既是师生又是挚交的情谊，他们都有高尚的灵魂，都有一份问天无语，无地埋忧的怆怀。他们又都有"以

68

其天赋之矛盾性格，既原就存在着一种既不喜欢涉身世务而又无法忘情世乱的矛盾，又以其追求理想之天性，对一切事务都常抱有一种以他自己为尺度的过于崇高的理想，而却偏偏又不幸的正生在了一个最多乱、多变的时代，因而乃造成了他个人与时代之间的一种无法调和的差距"（《王国维及其文学批评》）。

民国学人中，只有王国维和文学家翻译家辜鸿铭一辈子都拖着脑后细细的辫子而不同于流俗。尽管剪不剪辫子只是形式，但他们二位用有形的辫子维护的是一个传统学者的尊严和人格。

当然，辫子也证明，王国维是保守的，他的保守不在政治上，而在学术上、人格上。他在治学上，由哲学转向文学，又由文学转向古文字学、古器物学、古史。这不是倒退，应看做是坚持自身学术个性并反省和调整自身的清醒之举。这里有痛苦、寂寞，也有解脱。

保守，有时是理性的，或体现一种文人的良知。但因年代久远，我们再看王国维，总有点儿"如雾里看花，终隔一层"，只有从他的《人间词话》中读出曲尽人情，字字本色。

颐和园昆明湖，王国维在此自沉。那一年他整五十岁。

周 作 人

八道湾胡同十一号，

"苦雨斋"主人的人格委顿

周作人的故居在八道湾胡同十一号。在周氏兄弟反目前，鲁迅也住在这里。鲁迅另购宅院搬走后，周作人一家独居这座自称"苦雨斋"的四合院。

己卯年（1939）元旦，上午九点几响清脆的枪声，划破萧疏寒冷的八道湾胡同的寂静。枪声来自十一号，苦雨斋主人周作人身中一枪，却未毙命。后据周作人回忆："那天上午大约九点钟，燕大的旧学生沈启无来贺年，我刚在西屋客室中同他谈话，工役徐田来说有天津中日学院的李姓求见"，"只见一个人进来，没有看清他的面貌，只说一声'你是周先生么？'便是一枪。"另一枪射向沈启无，闻声来帮助的车夫张三中弹即死。

新闻一出，轰动社会。曾被人誉为"所向披靡的战士"、"五四"新文学阵地上的先驱者、大名鼎鼎的作家教授周作人，在当时享有极高的威望，特别是日寇侵占北平后，周作人正在"出山"还是"隐居"的抉择中徘徊，他的被刺，自然引起各方面的关注。

日军攻破北京前，这位"战士"拒绝了胡适等人的规劝，没有随大部分爱国学人撤退到大后方，而是执著地留在沦陷的北京，躲进自家的"苦雨斋""闭门读书"。表面上一如既往地追求"温柔敦厚或淡泊宁静之趣"，但骨子里早有"出山"附逆的打算，只是等待合适的时机而已。1938 年 2 月，周作人出席了有日本军方背景的"更生中国文化建设座谈会"。《每日新闻》发消息并配发身着长袍马褂的周作人，跻身于戎装日本特务头子和汉奸文人中间的照片，令舆论大哗。

于是全国各地通电，严厉声讨周作人"不惜葬送过去之清明，公然附和倭寇，出卖人格"的不齿勾当。5月14日，茅盾、老舍等人在《抗战文艺》上发表《给周作人的一封公开信》，谴责其"背叛民族，屈膝事敌"的丑行。艾青以诗《忏悔吧，周作人》表达对周作人投敌的愤懑之情……

周作人面对如此排山倒海的声讨，有些心虚，相继推辞不入"东亚文化协会"，也不任北京大学校长之伪职，又龟缩"苦雨斋"，等待时机。

周作人再度装出名士的散淡，赋诗曰："粥饭钟鱼非本色，劈柴挑担亦随缘。"无奈囊中羞涩，度日艰难。查此时周作人日记，连篇累牍写着："煤店欠账"、"还米店账"、"又还静子（其女）三十五元，尚欠二十元"……腰无银两，名士气短，人有欲，则无刚。在关乎民族大义和个人荣辱的关键时刻，那几声枪响，加快了周作人当汉奸的步伐。

枪响后的几日，周作人收下了北京大学任命他为图书馆馆长的聘书。当天，周作人在日记中写道："下午收北大聘书，仍是关于图书馆事，而事实上不能不当"。"不能不当"四字，勾画出周作人卑鄙的灵魂，从此他走向万劫不复的深渊。而周作人曾经的畏友钱玄同，却不愿做亡国奴，恢复旧名"钱夏"，

"夏"而非"夷"，不做顺民。周作人熟悉的画家李苦禅，坚决不任伪职，被日本人抓入监狱，受尽酷刑，而不改初衷，与之形成鲜明的对照。

1939年7月3日，周作人就任伪北京大学文学院筹备员之职后，结束了靠借贷度日的窘况。开始大修八道湾十一号，翻修左右偏门，在院里凿自来水井，改造厕所，装修内室，重修造正房。大院修葺一新，"苦雨斋"变成安乐窝，阔绰了的周作人设宴招饮已习以为常。出入胡同时着狐皮衣裘，乘华美香车，昔日名士的风采早已遁去，着实成了蹩脚新贵。

1942年5月，早就当了汪伪教育总署督办的周作人，作为汪精卫的随员，赴伪满访问，"谒见"伪满国傀儡皇帝溥仪，是最具戏剧性的闹剧。不久，周作人头戴日本军帽，身着日本军装，登上天安门，主持检阅伪青少年团训练的分列式，却无耻地作诗"前世出家今在家，不将袍子换袈裟"，再喻自己清高，实在叫人啼笑皆非。以"孤鹤"自命的周作人，此时早已变成了一条仰日本人鼻息的哈巴狗了。

1945年岁末，北平行营主任李宗仁命军警包围八道湾十一号。当军警枪口抵住周作人胸口时，他只喃喃地说："我是读书人，用不着这个样子。"对八道湾投下依依不舍的一瞥，默默地被押走了，他的苦雨斋从此紧紧关闭了四年。

世事沧桑，1949年10月18日，周作人在儿子周丰一的陪同下，重返八道湾十一号他的"苦雨斋"。在这里，现实生活逼着他痛苦地摆脱身上的士大夫习气和奢华的生活方式，逐渐地复归了"青灯一盏，清茶一杯"的清苦而寂寞的生活。

周作人的命运在1956年有了转机。笔者供职的人民文学出版社负责人楼适夷，向周作人发出"游览江浙"的邀请。周作人与人民文学出版社有预支稿费合同，实际上是落实胡乔木"要重视周作人的工作"的指示。应该说，周作人那块"鲁迅二弟"的招牌，让他绝路逢生。不久，《人民日报》、《读书月报》等十多家报刊，即连续发表周作人署名"周启明"回忆鲁迅的十九篇文章，一时"洛阳纸贵"。但是，当"文革"中红卫兵闯进八道湾十一号之后，周作人的"苦雨斋"变成了地狱。他重抄《往昔三十首》，寄给他最信赖的学生俞平伯，借此告别。

周作人在危难时刻，想起了毛泽东的朋友章士钊。四十年前的"三·一八"惨案发生时，周作人与惨案元凶章士钊曾有过针锋相对的斗争。现如今周作人低眉写信请他帮助，这是怎样的残酷的历史玩笑！两次求助，皆无回音。

1967年5月6日，周作人在阅读《鲁迅全集》中的杂文时，结束了生命，也结束了他的寂寞和孤独。据周作人回忆，当年鲁迅病危时，也是读着周作人的著作离开世间的，可见骨肉间，苦痛之独深。

值得注意的是，周作人晚年写的《知堂回想录》，对自己的一生不作自我辩护，更不忏悔。他说："古来圣人教人要'自知'，其实这自知着实不是一件容易的事情。""不知自己"写回忆录，与我们总是拿一把简单尺子来知人论世，全然不同。如若不是其人格委顿，道德弱化，做了屈从求生本能的奴隶，他的遗作，当可成为一笔丰厚的文学遗产。可惜周作人的苟且寂寞命运无法改变。

八道湾胡同十一号的前院正在修缮。这棵高大的杨树，应是周作人在《两株树》中叙到的让他情有独钟的手植的青杨。

朱 自 清

清华园北院九号"长林碧草"中具有"平常心"的学者

清华园，原称畅春园，即明代李武清侯别墅。明袁中道《海淀李棋畹园》诗有云："镇日浮舟穿柳涧，有时骑马出花畦。到来宾主纷相失，总似仙源径易迷。"据《宸垣识略》载："园广十里"，"前后重湖，一望漾渺"。足见清华园之大之美。清末民初，在李戚畹别墅建清华大学，大批学者教授居于此。朱自清的故居就在清华园。

朱自清先生被清华大学聘为教授后，于民国十四年（1925）夏，从南方再到北平，暂住朝内南小街老君堂胡同好友俞平伯家里。而在此前的1916年，朱自清进入北京大学预科，次年，考入北京大学哲学系，亲身参加"五四"爱国运动，并加入邓中夏主持的平民教育演讲团，赴通县等地讲演，宣传新思潮。先后在《新潮》、《晨报副刊》等报刊发表作品。1920年提前毕业赴上海、杭州等地中学任教。其间与叶圣陶创办《诗》杂志，成为中国现代第一个诗歌刊物。1925年，朱自清出版第一本诗文集《踪迹》。同年，他由俞平伯推荐入清华大学任教授。到京后，清华大学教务长张仲述先生，通知他住地已安排好。朱自清雇了辆洋车，九点出发，到了西直门又换了辆洋车，进清华大学时，已中午十二点。住进了清华大学南院十八号，后又搬到清华园北院九号。那是座独门独院的别墅式院落。那"长林碧草"的浓绿，"真可醉人"（朱自清语）。

在清华大学任教之余，他继续创作诗文，但逐渐转向以散文创作为主，先后推出《背影》、《荷塘月色》等脍炙人口的散文佳篇。在"五卅"、"三一八"等一系列帝国主义和反动军阀的暴行及广大民众反帝爱国斗争中，他坚持正义，支持爱国学生。他还以诗文揭露和鞭挞统治者的罪愆。他的诗文如《血歌》、《白种人——上帝的骄子》等富有鲜明时代特征，发出了反帝爱国的强音，使他拥有广大读者。当然，他的一些作品表现反帝反封建的激情的同时，作为自由知识分子，他的诗文如长诗《毁灭》，又同样浸透着寂寞，记录了在尘世烦扰和诱惑下的内心独白。

朱自清不是战士，而是个文化人，有自己的文化和人格理想。他说，"我是大时代中的一名小卒，是个平凡不过的人"（《背影》序）。其真正具有艺术魅力，动人心弦的作品，是《背影》、《给亡妇》、《荷塘月色》等纪实色彩浓郁的抒情性散文。作者善于把自己的真情实感，用极平易的叙述，简约、朴素、亲切地表达出来。让我们流连于温润的文字中，如在荒漠邂逅绿色、水泉。从中，我们可以感受到朱自清对于自由和正义的坚守和追求，感受到他那颗平常心和高尚的灵魂，人格的力量。

朱自清是扬州人。他家的先祖到江苏东海（海州）做小官，朱自清的父亲也在那里做小官。他六岁时全家搬到扬州，在那里读小学、中学，直到考上北京大学预科。"十八岁那年冬天，父亲母亲给我在扬州完了婚。"（《我是扬州人》）

夫人是杭州籍的武钟谦。光复（1912）那年，朱自清父亲患伤寒病，请了许多医生看，皆无效，最后请了武先生。一日，常去请武先生的听差说武家有位小姐。后经打探，那位武家小姐尚未婚配，朱自清母亲便托他舅舅去武家提亲。未被拒绝，朱自清母亲还不放心，又派亲信老妈子去。回来说姑娘很好，只是脚大了点儿。朱自清的母亲让人带过话去，"让小姐裹上点儿脚"。小姐母亲听了颇为不快："偏偏不裹，看他家怎么样。"最后还是把小姐给朱自清娶过来。

武钟谦在朱家相夫教子、温良贤惠，朱自清在京读书、教学期间，她辛勤地操持着家务。后不幸患肺病，死于扬州，葬于朱家祖茔里。朱自清与武钟谦的婚姻，虽属父母包办，但夫妻的感情却一直很好。妻子的早逝，让朱自清很痛苦、很自责，他在《给亡妇》一文中，悲切地说："在短短的十二年里，你操的心比人家一辈子还多；谦，你那样身子怎么经得住！你将我的责任一股脑儿担负了去，压死了你；我如何对得起你！"这是武钟谦死后第三年，一个大学教授写给亡妻的悼文，读者无不动容。

朱自清与亡妻共育四个孩子，他与亡妻"生于斯、死于斯、歌哭于斯"。每逢佳节，朱自清都思念亡妻，他说："余来旧京之年，先室人尚居白马湖。值中秋夜月甚美，男女学生放舟湖中，歌声互答。先室人索居斗室，念远伤离，情难自已，北来后每为余言之。兹追忆其语，不知涕泗之何从也。"

后来，他与才貌双全的陈竹隐不期邂逅。二人往来的书信，在称谓上逐渐变化。朱自清先称呼"竹隐女士"，后又改称"隐弟"，再呼"亲爱的宝妹妹"，直至"亲爱的宝玉"，从中可看到二人情感的发展。北京香山红叶漫山时，陈竹隐以红叶相寄朱自清。朱自清即刻赋诗奉答："文书不放此身闲，秋叶空教红满山。片片逢君相寄与，始知天意未全悭……"1932年，两人在上海结婚。不久，双双回到朱自清清华大学南院十八号旧居。有了孩子后，又搬到清华园北院九号新居。在这里，不仅常与俞平伯、吴晗、冯友兰诸友人相聚会，还添了三个儿子。有了与亡妻那段离愁别恨，朱自清十分珍惜与陈竹隐的恩爱关系。没有死去活来的浪漫，却一直相濡以沫，平常中有浓浓的醇香。

1936年11月，日军进攻绥远和察东，当地国军奋勇抗击，一举收复百灵庙和大庙。消息传到北平，民众群情振奋。清华大学和燕京大学师生联合组成慰问团，朱自清与清华大学学生会主席王达仁，会同燕京大学教授梅贻宝等，到集宁前线慰问抗日将士，表现了一介柔弱书生朴素的爱国之情。

清华园北院九号的主人朱自清，由于长期贫病交加，于1948年8月12日逝世，年仅五十岁，去世时体重尚不足八十斤。毛泽东对他的辞世，从政治上给予了很高的评价："一身重病，宁可饿死，不领美国的'救济粮'。"（《别了司徒雷登》）

从朱自清的个人命运，我们可以看到中国知识分子的命运。不论时代的兴衰，他们的选择是很有限的。比起鲁迅和郭沫若等建功立业的斗士型文人，朱自清只是那个时代承受寂寞的文化耕耘者，他并不想"独善"和"兼济"，他以自己的方式，以不卑、不亢、不媚的态度投入这个时代，博学于文，行己有耻，给时代留下干干净净，深深浅浅的足印。

朱自清位于清华大学西院四十五号的故居。

叶 圣 陶

东四八条七十一号，
发现巴金、丁玲的面有佛相的老者

叶圣陶故居在东四八条七十一号。

东四八条西通东四北大街，东可达南小街，东西走向。明代时，属居贤坊，称正觉寺胡同，因胡同中有正觉寺而得名。正觉寺建于明正统十年（1445）"土木之变"前。胡同还有承恩寺，为明嘉靖年间大太监冯保奉敕所建，首辅张居正为寺院撰碑文。冯、张曾联手，驱逐大学士高拱，共揽大权。正觉寺胡同于1949年改为东四八条。

叶圣陶故居，是一座很规整的二进四合院、院门半间起脊，左右各有一石狮墩。正房前出廊后出厦，院里有几株西府海棠。因工作关系，我曾多次去叶老家，向他求教。那时，叶老尚未眼瞀耳聋。长眉如雪，面如重枣，一脸佛相，慈祥泰然。初秋，坐在他的书房前的院子里品茗聊天，静静地听他用浓重的苏州方言谈文学创作和图书出版，会觉得这位慈祥的老人有着无穷的智慧。有些人到七十一号去找其长子叶至善先生谈出版，之后一定去看望叶老。上个世纪80年代初，我所供职的人民文学出版社出过不少叶老的书，如《叶圣陶短篇小说集》、《叶圣陶》等书。叶老的书法功力了得，我曾看过他写的"一九八零年元旦题词"："得失塞翁马，襟怀孺子牛——书此二语以迎新岁"，书法有魏晋风骨。

1982年初，我去给叶老拜年，他正忙着给我社即将出版的"中国现代作家选集"《叶圣陶》卷写序（《叶圣陶》由其长子叶至善编辑整理，叶老写的序言）。其中写道："只是视力越来越差，不能读书看报，颇感到老年的寂寞。这种寂寞，根本就在尚未厌世——'这个世如何能厌？'"。叶老八十八岁米寿之年，却依然壮心不已，甚是让人感动。

叶圣陶，又名叶绍钧，出生于苏州一个平民家庭，幼时在乡读私塾，能背"四书"、《诗经》，天赋过人。十七岁中学毕业即当小学教师。任教期间其用文言文写的小说投给《小说丛报》等刊物，几乎篇篇刊出。受陈独秀《新青年》影响，1917 年始，试写白话小说，并与在北京读书的俞平伯等保持密切联系，投身新文学运动。先后出版小说集《隔膜》、《火灾》及诗集《雪朝》。《火灾》成为继鲁迅的《呐喊》之后，新文学的第四本短篇小说集。

1923 年春，叶圣陶到上海商务印书馆国文部当编辑，与茅盾同室工作。在为人作嫁的同时，其长篇小说《倪焕之》诞生于 1928 年。小说比较真实地反映了从辛亥革命到第一次国内革命战争时期，一部分知识分子的生活经历和精神面貌，受到文学界和青年读者的欢迎，也确立了叶圣陶在现代文学史上的地位。同时，他在编辑方面做了大量有益的工作。丁玲的《梦珂》、巴金的《灭亡》等都是他发现并推上文坛的。

1949 年，他到北京后参加了全国文艺工作者第一次代表大会和中国人民政治协商会议第一次会议。此后他担任国家文化教育部门的重要领导职务。直到眼瞀耳聋时，还坚持写日记。萧乾读了叶老的日记后，说："未来的史家将会由他的日记中寻觅到翔实可靠、不掩饰也不捏造的客观史料。"（《万世师表叶圣陶》）

1988 年，九十四岁的叶圣陶安详地诀别了东四八条七十一号宅院。他是一个善良谦和的智者，他宅心仁厚，胸怀宽广，善待每个同僚和文友，这在中国现代文学史上，实为罕见。

叶圣陶故居，位于北京市东城区东四八
条七十一号。

俞 平 伯

老君堂胡同的"马缨花"

"秦老儿闲游，来到老君堂"这句唱词儿，是老北京民间艺人唱的岔曲中的一句，将老北京的秦老儿胡同和老君堂胡同，巧妙地编排了进去。秦老儿胡同在东城交道口地区，老君堂则有两处，一处在北新桥，另一处就是朝阳门内大街南面的老君堂胡同。它西起南小街，东到老城墙即现在的东二环路，1955 年改成北竹竿胡同。

老君堂是供奉太上老君的庙，太上老君，乃道教创始人老子的尊称。《老子内传》载："太上老君，姓李，名耳，字伯阳，一名重耳。生而白首，故号老子；耳有三漏，又号老聃。"在老北京，过去曾有不少老君庙。明时的朝阳门老君堂一带，属思城坊，时称铸锅巷。又据《京师坊巷志稿》载，清代这里属镶白旗，胡同内设火器营衙门。

明清时，南小街一带曾非常繁华，特别是附近的勾栏胡同（现内务部街）地区，是管理官妓的衙门所在地。周围灯红酒绿，香风袭人。与其形成巨大反差的老君堂则是"一派闲情付落花"的景象，是寻常百姓安身的地界儿。

从上个世纪初开始，因为红学家俞平伯居于此胡同，老君堂越来越为人瞩目。据诗人邵燕祥说："当年胡适还在旁边的竹竿巷住过。"胡适有诗云"我住竹竿尖"。当时新文化运动的领袖胡适和他的嫡传弟子俞平伯，给寂寥的胡同带来了浓郁的文化气息。常常到此造访的有社会各界名流和北大学子，如朱自清、顾颉刚、启功等常常结伴而来。俞平伯素爱昆曲，能字正腔圆悠悠地唱上几句，因而还结交了不少名角和票友，他的宅第是当时京城有名的昆曲票友沙龙。俞平伯家是胡同路北的一座四合院，虽不富贵堂皇，却也十分规整典雅。有正院和跨院，房舍不少，院子也大。老街坊们说，俞平伯当时三十几岁，圆脸，个头不高，戴一副眼镜，文质彬彬，正是春风得意的时候，常见他在门口微笑着迎迓和恭送客人，成为老君堂街坊引以为荣的一景儿。上个世纪五十年代，突然开始了一场批判胡适的政治运动。不识时务的俞平伯，没有像有些人那样，通过大批胡适而自我救赎。时为俞平伯领导的郑振铎、何其芳虽然尽力保护，俞平伯最终还是不可避免地成为被批判对象。老君堂俞家的门前随即归于寂静冷落。只有老友王伯祥，不识相地常去看他，并结伴步行去游什刹海。书生气十足的俞平伯，居然赋诗记游："借得临湖楼小坐，悠悠樽酒慰平生。"大难临头却超然物外，不泯文人本色。"文革"时，俞平伯被赶进跨院存放刻书雕版的阴暗小屋。他仍不怨不怒，不改温柔敦厚的本性，又即兴赋诗曰："屋角斜晖（一作阳）应似旧，隔墙犹见马缨花。"随遇而安，不改其乐。

　　小时候，一到秋天，我常和小伙伴到朝阳门老城墙上逮蝈蝈，摘酸枣。出我家住的遂安伯胡同东口，沿着商铺林立的南小街向北，拐进老君堂西口，穿过胡同到东头城墙根儿，顺着一段坍塌的废墟，爬到顶上去。紫红的酸枣装满兜，蝈蛐卷在纸筒里，然后心满意足地顺原路返家。也是从北京大学毕业的高叔叔曾领我到过俞平伯家，所以每次路过俞宅，总爱多看几眼。那时，长满蓑草的俞宅老门楼已很破败。小伙伴却对俞宅不屑，总拉我到一小宅院前，指指点点，很神秘地说，这就是"神针刘"的住地儿。当时街坊都说，老君堂有个在南小街撂摊行医的"神针刘"，只凭一根针，就包治百病，有"神仙手眼神针刘"之誉。然而，街坊孙大爷却不以为然。他说，当时生活艰难，有人学过一点针灸皮毛，就上街混饭吃，不把自己吆喝得神点儿，谁花钱找他看病？比起名医萧龙友，那差老鼻子了！但小伙伴却坚信不疑，说他上小学还"画地图"（尿炕），让"神针刘"一针就扎好了。上世纪70年代末，我在人民文学出版社工作，常到一箭之遥的老君堂流连，但俞宅已面目全非。

俞平伯，1900年出生，1990年10月15日在北京逝世。原名俞铭衡，字平伯，浙江德清人。早年参加五四新文化运动，为新潮社、文学研究会、语丝社成员。1919年毕业于北京大学，后历任燕京大学、北京大学、清华大学教授。俞平伯最初以创作新诗为主，且擅昆曲研究。1921年，开始研究《红楼梦》。两年后，亚东图书馆出版专著《红楼梦辨》。据记载，1966年至1973年，晚年的毛泽东多次阅读此书，还在书上写了不少批注。1952年，又由棠棣出版社出版《红楼梦研究》。1954年3月，复于《新建设》杂志发表《红楼梦简论》。同年9月，遭受非学术的政治批判，长期受到不公正待遇，但仍未放弃对《红楼梦》的研究，并著有《红楼梦八十回校本》等。

我是1986年又见到俞平伯先生的。那年我编发的邵振国的小说《麦客》，获全国短篇小说头奖。邵先生为感谢我"慧眼识珠"，特在燕京饭店设宴，还请他的亲戚俞平伯作陪。我和夫人欣然赴宴。俞先生虽有老态，但面庞清瘦，精神矍铄，谈吐依旧儒雅机智。谈及故居老君堂和马缨花，他一脸的灿然，那时，他已搬到三里河寓所。

胡适的"竹竿尖"与俞平伯的"马缨花"，如今皆因老君堂拆迁而不存，成了一声喟叹中的记忆碎片。

老君堂三十八号的小院。院内的住户说，这边曾是俞平伯的书房。俞平伯喜欢京剧，当年这里曾是很多票友聚集的地方。

梁 实 秋

内务部街二十号，

"想念豆汁不得自已"的漂泊者

梁实秋的故居在内务部街二十号（现改为三十九号、四十号、四十一号）。

内务部街实际是一条东西走向的胡同，西临东四南大街，东接南小街，与方家胡同相对。因与元、明、清灯市口只有一箭之遥，为繁华热闹的地方。

梁实秋的曾祖父是满族，为清廷四品官，又兼经商，家境殷实富有，内务部街这座大四合院，就是那时出巨资购置的。曾祖父无子嗣，遂从农村抱养一男婴，就是梁实秋的祖父，算起来梁实秋系汉族。

梁实秋家为世人所知，是因梁实秋的大哥早年死于肺痨，大嫂殉节，与丈夫同埋一穴。慈禧得知，特赐一"贞烈可封"牌坊，竖于双榆树，是当时颇为光宗耀祖的事情。

梁实秋幼时，入陶氏学堂读私塾，1915年以天津第一名成绩考入清华学校。求学期间，他与同学组织"小说研究会"，后扩大为"清华文学社"，吸收闻一多等为社员。梁实秋在文艺批评方面崭露才华。毕业后于1923年留学美国，进科罗拉多大学。临行前，与在香山慈幼院工作的女友相约，四年之后，他回京与她完婚。若不回来，契约作废各自自由。三年后，梁实秋提前回国，二人结成秦晋之好。他先后在南京大学、上海复旦大学及山东大学任教。

1930年12月，他受中华教育文化基金会译委会主任胡适之邀，开始翻译《莎士比亚全集》。1934年他到北京大学担任外文系系主任。白天他忙于教学，晚上翻译莎士比亚著作。他夫人辛勤操持家务，为他创造舒适的工作环境，相濡以沫。梁实秋患痔疮，他专注于写作，每次起身，椅子上便有一大滩鲜血，夫人给他做了厚厚的大棉垫，不断地拆洗……后来他动情地写了本叫《槐园梦忆》的书，将这段温馨而又琐碎的生活，极为生动地呈现出来。夫人辞世，他痛不欲生。

梁实秋一生大部分时间用于译莎士比亚作品。1967年在他65岁时，终于完成胡适交给他翻译《莎士比亚全集》的任务。1968年台湾远东图书出版公司出版了他翻译的《莎士比亚全集》。图书出版时，台湾学界为他开了一次盛大的庆祝会。从二十岁到七十岁，整整五十年，经历了那么多风风雨雨，独自完成三十七部莎翁剧作的翻译，真是令人感动。人们称赞说："梁先生替中国文艺界新添了一大笔精神财富。"称他为"莎士比亚传人"。多年来他还以"雅舍"为名，发表了很多小品，也是文学瑰宝。

1944年，在重庆各界举行的募捐劳军晚会上，老舍邀请同是北京人的梁实秋搭档登台说相声。梁实秋虽口齿伶俐，但从未涉足相声，有些发怵。素对相声有研究的老舍，告诉梁实秋说相声的秘诀是"皮儿薄"，即一捅就破。梁还是心里无底，忙说："我皮儿薄！"但禁不住老舍的死缠烂磨，只好硬着头皮答应。只是有言在先，上台不许用扇子敲头。

经过认真排练，那天晚上一起登台，梁实秋早已呆若木鸡，满脸肃穆，观众以为他们在做戏，早已笑不可抑。他们说了《新洪洋洞》和《一家六口》两段传统相声。

渐渐入了佳境，梁实秋也进入角色。老舍说得得意忘形，早就忘了对梁不敲头的允诺，抡起扇骨就朝梁头上敲去。梁急忙躲闪，扇子却把他的眼镜打落，多亏他手疾眼快，双手平伸，竟接住眼镜，然后不动，稳住情绪。哪知观众以为这是他们事先设计的绝活儿，全场轰动，鼓掌喝彩声不绝。

1949年，梁实秋到台湾，先任"国立"编译馆人文组主任，不久又任中山大学（高雄）教授等职，同时他主编的工具书《远东英汉大辞典》，也使他赢得荣誉。他动员二百多人，到世界各地图书馆收集资料，共收录了八万多条词汇，比一般英汉辞典多五万词条，且分类三十卷。一次梁实秋女儿梁文茜到美国探亲，她去美国领事馆签证时，签证官得知她是梁实秋之女，说："我是梁实秋的学生。"见梁文茜不解，便从抽屉取出《远东英汉大辞典》说："我天天读它，所以梁先生是我的老师。"

1966年台湾曾推荐梁实秋为诺贝尔文学奖候选者，梁表示中国就一个名额，台湾这么小，代表不了中国。人家请他推荐一人，梁说我看老舍就行。当时老舍先生自沉太平湖的噩耗他尚不知晓。

梁实秋在大陆有太多的朋友，有许多人一直怀念他。季羡林年轻时与梁实秋交好，他在选择学什么科目时，颇为犹豫，梁建议他选东方文学系少数语种，季听从了梁的建议。

因文学观念不同，梁与"左联"鲁迅曾有过关于文学的争论，因此梁实秋身居海外而依然身遭谤议。那时的论战，梁实秋对新文学运动作了及时的有相当理论个性的总结、评判和反思，至今仍有重要价值，而围剿他的诸人，留下的仅仅是意识形态化的谩骂和口号。

在梁实秋去世前，鲁迅的后代在台湾与梁实秋的关系很好，经常到他家聊天吃饭，早就忘掉父辈那些曾经的矛盾和恩恩怨怨。

梁氏一生，不过读书、教书、译书、著书，既难立于朝也不易鸣于世，他译的莎翁全集，令人馨香祷祝，他的"雅舍"小品，可令人会心一笑，齿颊留香。响远不在音高，酒香何苦醉人。小品或风流飘逸，或平实散淡，都有人生的咏叹寓之，让我们深一层地体味人情世态，"花看半开，酒饮微醺"，令人低徊。

梁先生是穿着长袍马褂去天国的，临走前，他还"想念豆汁儿，不得自已"。此情可待成追忆，读之，莫不泫然。

梁实秋故居，位于北京市东城区内务部街三十九号。

沈 从 文

小羊宜宾胡同蜗居的大作家

出我家住的遂安伯胡同东口，沿南小街向南，过了赵堂子胡同，往东就是大、小羊宜宾胡同。据考，明代时，此胡同叫杨仪宾。仪宾者，乃王室女婿尊称。清代时，曾叫羊尾巴胡同。据传，比起石大人胡同和总布胡同的贵族气派，羊宜宾胡同相形见绌，如同羊尾巴般寒碜，故得名，也不可考，存疑。

在中国近现代史上，大、小羊宜宾胡同，因"五四"运动而闻名遐迩。1919 年 5 月 4 日，为抗议巴黎和会承认日本接管德国在华特权的无理决定，北京学生和市民举行了大规模的示威游行。愤怒的游行队伍，就是从大、小羊宜宾胡同进入赵家楼胡同，火烧曹汝霖住宅赵家楼的。1923年，从苏俄开会归国的共产党领袖瞿秋白，曾住进过这条胡同其兄瞿纯白的寓所，并在这里翻译了《国际歌》。

小羊宜宾胡同三号，曾是著名诗人邵燕祥母亲家的宅第，后成了《人民文学》杂志的办公地址。《人民文学》是孕育王蒙、李国文等作家的摇篮，也曾是吞没他们的泥潭。因《人民文学》发表了小说《组织部新来的年轻人》、《改造》，两位年轻的作者王蒙和李国文初露峥嵘，便被打成右派，开始漫长的蹉跎岁月。同他们一起落难的还有批准编发这两篇小说的该杂志负责人秦兆阳。《人民文学》杂志迁走后，这里改成中国作协干部宿舍。葛洛、黄秋耘、秦兆阳、张天翼等作家风云际会地住进三号。

"文革"后期，被美学家朱光潜认定"全世界得到公认的中国新文学家，也只有从文与老舍"之沈从文，也曾蜗居小羊宜宾胡同三号，住在前院东厢房南面的一间斗室。这位苗族作家，虽有中国莫泊桑和契诃夫之称，却一直遭被忽视、被误解，甚至被封存的厄运。但他在被迫远离文学之后，却因致力于中国古代服饰和文物的研究，取得同文学一样的斐然成就。他为之耗尽后半生心血的巨著《中国古代服饰研究》，成为中国乃至世界文化史上的瑰宝，而被人称颂。

沈从文对中国服饰的研究，是当时周恩来总理认可的。第一个试点本，还得到康生的题签，郭沫若写了长长的序，后因"文革"被搁置。令人痛心扼腕的是，沈从文多年收集的工具书和亲手抄摘的上千文献卡片及多方面积累、十分难得而有用的图像资料，在倏然而至的动乱中毁尽。

"文革"后期，沈从文重新编撰此书时，他将再度搜集到的几十万实物图像资料，与他自己一起塞进一间局促的小屋。沈从文对能重操旧业，感到十分满足，"在小小的房间里，大约一尺五寸桌面空间，还能交叉进行这些工作，真应说是'老天保佑'"了。为了方便工作，经他多次申请，才搬进三号院那间小房。沈从文每天都在家里吃完午饭，然后提着装好晚饭和明天早餐的饭盒，匆匆赶到很远的"工作室"，通宵达旦地工作。一次我在胡同口碰到七十多岁的沈老，见他苍白的脸上，戴着玳瑁近视镜，有点伛偻前行的样子，不禁心有戚戚焉。就是他这老迈羸弱的肩头，支撑着浩大的文化工程。《中国古代服饰研究》的横空出世，体现着一种更深远的历史意义和丰厚的文化承载。

1978年4月，我与住在南小街的军旅作家王愿坚，一同去三号看望沈老。他正从小屋走出来，和煦的春阳，照着他飘飞的白发，满脸的超然淡定。待到5月，沈老已乔迁到前门东大街三号，结束了"快四十岁了的孩子夫妇由四川回来探亲时，照例还得'摊地铺'睡觉"的窘境。我去看他时，他总算有了一个伏案著述的简单书房。1985年6月，沈老定级为正部级研究员，享受正部级待遇，又迁居到崇文门东大街二十二号高干楼五居新房，与我们人民文学出版社社长、女作家韦君宜比邻。可惜的是八十四岁高龄的沈老，已再不能妙笔生花了。那座留下他匆匆步履的、见证他诞生《中国古代服饰研究》的小羊宜宾胡同三号，也在建造作协宿舍大楼时，悄然消逝。

几年前，我曾与王蒙先生一起去给住进这座大楼的鲁迅研究学者、我的大学老师王景山教授贺寿。归时，久久徘徊在面目全非的小羊宜宾胡同，怅然若失……

1988 年，沈从文老先生乘鹤西去，我和我社的同事参加了他的追悼会，低沉的哀乐声中，我似乎感到十四岁就投身行伍，浪迹湘川黔山川秀水的沈从文的灵魂，又归故里。只有那里博大的山和温婉的江水，才能容得下那颗渴望自由的魂魄。

沈从文故居，位于北京市东城区小羊宜宾胡同五号（原三号），现已无存。原址改建为一座十六层的居民楼。

张 恨 水

北沟沿胡同甲二十三号，

"小坐抛书着古茶"写出一百多部畅销书的失意文人

张恨水（1895-1967）在中国现代通俗文学史上，是独树一帜，成就卓特的章回小说作家。其小说数量之多，读者之广泛，社会反响之强烈，无人与之比肩，而对其评价却一直毁誉互见、褒贬不一。

张恨水的一百一十余部长篇小说，是他留给文坛的一笔丰厚的文学遗产，其中写爱情悲剧的《啼笑因缘》、《金粉世家》，具有鲜明的社会悲剧特征，被视为通俗文学的经典，不断被改编成各种文艺形式作品在舞台演出，十余次被改编成电影、电视剧，也是我国小说史上的奇迹。

1938年初，张恨水只身到重庆，担任《新民报》主笔兼副刊主编。同年3月，中华全国文艺界抗敌协会在武汉成立时，张恨水被选为理事。抗战期间，张恨水在艰苦条件下，迎来第二个创作高峰。他的小说《巷战之夜》、《大江东去》等一改往日言情的内容，把伸张民族大义，颂扬抗日英雄放在第一位，闪烁着以生命捍卫民族尊严的思想光芒。而《八十一梦》则将矛头直指借抗战而发国难财的"四大家族"，深刻而犀利。周恩来曾赞扬《八十一梦》"用小说揭露黑暗势力"，"同反动派作斗争"（《写作生涯回忆》）。他的读者、到重庆与蒋介石谈判的毛泽东，特意单独会见张恨水，长谈两个多小时。他们第二次见面，是十年后的1955年，张恨水受邀参加全国政协团拜会。故人重逢，毛泽东问他："为什么不见你的新作？"张恨水如实相告：一因抱病多年，二是不熟悉工农兵生活，表示无能力再执笔耕耘。会后，毛泽东委托周恩来向张恨水转达他对其创作的意见，不能从字面上理解文艺为工农兵服务，还是从实际出发，老作家可写熟悉的生活。

直到 1963 年，张恨水才陆续写出《孟姜女》、《孔雀东南飞》等长、中篇小说八部，另应邀给海外写了些介绍新中国风貌的短文。

张恨水是一介书生，但在抗战期间的重庆，他曾准备弃笔从戎，向国民党政府请战，要部队番号，自筹经费，回家乡江西广信组织抗日武装，抗击日寇，惜未被批准。

抗战胜利后的 1946 年 2 月，张恨水随《新民报》迁北平，购进北沟沿胡同甲二十三号一座四合院。从张恨水之女张明明所写《在北平过第一个年》、张恨水之子张伍写的《忆父亲张恨水先生》两文中，可以详细了解这座四合院的情况：宅院是四进的，共有三十来间屋。中院是张恨水的书房和会客厅。院子里种了不少果树和花木。从张恨水的诗文中也可窥见四合院的景色，宅第里有老北京人爱养的盆莲，出污泥而不染，象征主人高贵的操守。他的一首七绝，更是吟诵出四合院的宁静和雅致：

小坐抛书着古茶，绿荫如梦暗窗纱。

苔痕三日无人迹，开遍庭前枣子花。

几年后，时局变化，张恨水又举家迁到不远处的砖塔胡同四十三号，一住就是十六年，直到"文革"最疯狂的1967年病逝。

砖塔胡同，是北京元代遗留的唯一一条胡同。元大都城中有五十坊，坊至今尚存，二十九条胡同，仅存砖塔胡同，其他皆佚。而后人知有砖塔胡同，还得感谢元戏剧家李好古。在其杂剧《张生煮海》台词中有"你去那羊市角头砖塔儿胡同"，砖塔胡同存焉。

张恨水搬到砖塔胡同，实属无奈。解放前夕，张恨水存入银行的一生积蓄十两黄金，被人卷走，家境败落，为了生计只能于1951年移居砖塔胡同四十三号。这是一进四合院，比起北沟沿要简陋许多。张恨水在《里巷行》一文中写道："出我的家门，黑魆魆的走上门前大路"，"胡同里是更黑，我扶手杖，手杖也扶着我"。"黑森森的大树"，"挤上了胡同中心，添加阴森之气"。除了胡同的原因，怕与张恨水的英雄无用武之地的心境不无关系。

张恨水辞去报社工作，写作又少，加上患病，生活极拮据。直到1959年，周恩来安排其入中央文史馆，另又有北京市文联发放生活补助费，生活才有所好转。"文革"开始，再堕苦海，直至告别他熟悉又陌生的世界。

在张恨水晚年，曾写《元旦示儿》七律，其中有"手泽无多惟纸笔，心铭小有起云霞"句，道出了一个作家书写生活的渴望和不知如何动笔的困惑，更道出由叱咤文坛到蹉跎寂寞的苦楚。

张恨水故居北沟沿胡同甲二十三号现已无存。旧时的北沟沿，即今赵登禹路、太平桥大街一线。据记载张恨水故居是一座四进的四合院，前门在北沟沿，后门开在砖塔胡同，大概的位置应是照片中所在。张恨水后来又迁居到砖塔胡同四十三号（后改为九十五号），此处也已于 2004 年拆迁。

钱锺书　杨　绛

东四头条一号，

一生不愿提鲁迅的学者夫妇

钱锺书、杨绛的故居在东四头条一号。他们夫妇1956年搬出燕园后，住在中科院哲学社会科学部在中关村的社会楼。两年后再迁到建国门原海军大院。1959年5月落户东四头条一号大杂院。这里原来是由一座办公楼隔成的四家宿舍。钱锺书家的面积比中关园平房还小。上个世纪九十年代初，又搬到西城三里河南沙沟小区。

钱锺书、杨绛在建国之初，就莫名地成了"北京大学四大反动教授"中的二分之一。两位学者开始了寂寞而背时的蹉跎岁月。在北京召开第二次全国文艺工作者代表大会时，文学研究所的研究员全都是代表，唯钱杨二位研究员独独被排斥在外。

1954年，钱锺书参与翻译《毛选》工作暂告段落。研究外国文学、教授外国文学的钱锺书因遭同仁嫌弃没能回到外国文学组，却被明察内情的所长借调到古代组选注宋诗。

业内人士都清楚，宋代诗人多，诗更多，又没有全宋诗，宋诗太难选。况且放弃谙熟的外国文学选宋诗也非钱锺书所愿。但他还是服从安排，努力工作，广泛收集，遍读宋诗。用钱锺书的话就是"晨书暝写细评论，诗律伤严敢市恩"。不仅"选"诗得当，"注"得更精彩，其诗人小传写得尤有见地。1958年在人民文学出版社出版后，反响热烈。胡乔木评价说，选注精当，有独到之处，是一部难得的选本；周扬也很赞许该书，在文研所作报告时，给予高度评价。

然而，随着意识形态的变化，对《宋诗选注》的赞美戛然而止，一股股批判的声浪甚嚣尘上。周汝昌、胡念贻诸公，口诛笔伐，声讨《选注》的资产阶级观点。意识形态层面的批判，往往是极为苍白无力的，论者也许有某种无奈。具有讽刺意味的是，当日本汉学泰斗、宋诗专家吉川幸次郎对《宋诗选注》推崇备至时，国内批钱的鼓噪之声也随之偃旗息鼓。所长何其芳甚至请杨绛代向钱锺书道歉。

钱锺书，江苏无锡人，出生于书香门第。1933年毕业于清华大学英文系，两年后，考上"庚款"赴英国牛津大学留学。1938年任教于西南联大。抗日战争间，创作长篇小说《围城》，1946年初完稿，次年5月在上海出版。虽然当时文化市场萧条，但《围城》不胫而走，成为畅销书之一。《围城》从发表伊始直到当下，一直有不同声音，有云小说思想内涵既有丰富性，又具深邃性，有云小说的模糊性为致命之伤。仁者见仁，智者见智，不同的视角、不同的观念，产生了不同的理解和感受。这部小说被称为"学人之小说"，1949年后受到批判，在所难免。好在社会在进步，在文化多元化的今天，《围城》丰富的文化内涵和卓越的艺术魅力愈来愈被理解和接受。它不但风行海内，而且走向世界。

钱锺书是个有独立见解的学者，从不人云亦云。他对同时代的知识分子极少正面评价，在其小说《猫》中辛辣地嘲讽了周作人，对鲁迅也冷淡相看。早年，他父亲钱基博是清华大学教授，出版过《现代中国文学史》，其中提到鲁迅时是非互见。学者认为钱锺书曾为其父代笔为钱穆《国学概论》作序，不久前钱锺书刚写完批评周作人的文章，《现代中国文学史》中对鲁迅的评价当是父子讨论的结果。

钱锺书对鲁迅的看法，或许也与他和杨绛的婚姻有关。钱、杨相恋于 1932 年前后，刚好发生"女师大风潮"。被鲁迅称为"恶虔婆"的女师大校长杨荫榆，正是杨绛的三姑。越来越多的资料表明，鲁迅《记念刘和珍君》中的反派人物杨荫榆，是个与历史不一样的女师大校长。杨绛晚年写的《回忆我的姑母》一文，虽一字不提鲁迅，对其姑母却有真实可信的描述。鲁迅夫人、经历过那次事件的许广平，对当事者杨荫榆也有自己的评价："关于她的德政，零碎听来，就是办事认真，朴实，至于学识方面，并未听到过分的推许或攻击，论资格总算够当校长的了。"与鲁迅写进《记念刘和珍君》的那个校长，迥然不同。抹去尘埃，历史渐渐清晰。

钱锺书与杨绛一生都不愿提及鲁迅。1986 年 10 月 9 日，在北京召开"鲁迅与中外文化国际学术研讨会"上，作为中科院副院长的钱锺书，终于在致开幕词时正面提到了鲁迅：

"鲁迅是个伟人，人物愈伟大，可供观察的方面就愈多"，"中外一堂，各个角度、各种观点的意见，都可以畅所无忌，不必曲意求同"。他的开幕词令不少与会者瞠目和沉默。

钱锺书和杨绛都是淡泊名利又不泯良知的文化人。"士之读书治学，盖将以脱心志于俗谛之桎梏，真理因得以发扬。"这是陈寅恪先生的话，送给钱杨二位，极为恰切。

北京市东城区东四头条一号，钱锺书、
杨绛故居已无存，现为地铁东四站。

梁思成　林徽因

北总布胡同二十四号，
保护古都唱响最后的挽歌

　　梁思成林徽因的故居在北总布胡同二十四号。

　　北总布胡同，曾叫城院街，这一带住着很多社会名流，如东堂子胡同住着蔡元培、朱启铃和沈从文，东总布胡同住着马寅初，无量大人胡同住着梅兰芳、华南圭等。

　　梁思成和林徽因在美国热恋，到加拿大温哥华结婚，然后周游欧洲。回国后曾在米粮库胡同、清华园新林院八号住过。但1949年前在北总布胡同二十四号住的时间最长。在古城的拆迁大潮中，这条胡同很快消失。

梁思成是梁启超之子，生于日本，十二岁时随父归国。1914年梁启超任教于清华大学，梁思成在父亲指导下读《孟子》、《国学源流》等国学著作。后到美国留学。

林徽因也是名人之后，祖父林孝恂为浙江海宁知府，父亲林长民曾任民国司法总长，堂叔林觉民为黄花岗烈士。林徽因在北京培华女中读书，1924年留学美国。

归国后，他们的生活是丰富而惬意的。他们深入到全国各地考察记录古建筑，并对整个北京古城的格局、文物、建筑群、残存的古建精华作深入的研究，为保护"用砖石垒成的史书"北京古城，殚精竭虑。闲暇时，才女林徽因还时不时在报刊发表些小说、散文、诗歌，朋友们会常常到家里聚会谈创作。她家便有"太太客厅"之称，成了北京一个颇有名气的文学沙龙。1933年，燕京大学学生萧乾在天津《大公报·文艺副刊》上，发表小说处女作《蚕》，林徽因欣赏其才，请他到家面谈。那天北京大学教授金岳霖也在场。林徽因兴奋而认真地与萧乾谈创作，金岳霖嘬着烟斗静静地听。金一生深爱林，林也曾直率地向梁思成表示她也喜欢金。林最终守候在丈夫身边，而金却终身不婚。金是继徐志摩之后让林心动的博学儒雅的男人。梁思成一生都深爱着林徽因，在别人来看，老婆是人家的好，文章是自己的好。他却一直坚信老婆是自家的好，文章是自己老婆的好。在林徽因罹患肺病的十年，梁思成一直无微不至地在身边侍候，直到1955年4月1日妻子在北京同仁医院逝世。与梁思成诀别时，林徽因美丽苍白的脸庞上浮着一丝微笑，这微笑一直伴梁思成度过坎坷的后半生。

1949年，共和国成立前夕，《人民日报》公开征集国旗国徽。林徽因是清华大学国徽设计组的领导者。在她的带领下，先后设计制作了近三十个国徽图案。在中南海怀仁堂进行的国徽评选会议上，由于周恩来和审委们的力挺，清华大学的设计最终战胜中央美院的设计被选中。

1950年6月23日，在政协会议上，毛泽东提议代表起立，以鼓掌的方式通过了梁、林主持并设计的国徽图案，林徽因喜极而泣。

1951年，中央委任梁思成和雕刻家刘开渠主持人民英雄纪念碑的设计工作，已病在床上的林徽因也被任命为纪念碑建筑委员会委员，主要设计纪念碑须弥座的装饰浮雕。

1952 年，夫妇二人又参加修缮中南海怀仁堂的内装修设计工作。不久，中国建筑学会成立，梁被推举为副理事长，林当选理事。

　　建国初期，梁思成，林徽因合作写成具有远见卓识的《城市规划大纲》、《北京——都市计划的无比杰作》等文，在各界引起巨大反响。作为建筑方面的专家学者，他们夫妇竭尽全力，守护着文明积淀深厚的北京这座历史名城。然而，共和国的决策者，永无休止地搞阶级斗争，竭泽而渔地发展城市，毫不理会梁思成林徽因等专家保护古城的如杜鹃啼血般的建议。他们理性上书的同时，还四处游说领导，结果无人理会。

　　当他们夫妻站到被不断拆除的城门、城墙、牌楼的废墟之前，总会想起在新中国成立前夕，两位解放军军官在张奚若的带领下，深夜潜入梁思成住的新林院八号。他们开门见山，拿出北京作战地图，请梁思成夫妇标出重要的古建筑方位，并画出禁止炮击的区域。他们说，万一和谈失败，此图可供攻城时保护古城用……战争时要保护的，为什么会在和平时期破坏掉，梁思成非常困惑和惶惑。

林徽因拖着病身看到东四牌楼等被拆除，屡向领导呼吁无效，便把气撒在梁思成身上："一个堂堂的男子汉，却保不住一堵墙！"这是1955年4月病逝前林徽因为保护古城，从心底发出的痛心而又无奈的呐喊。

1895年，梁思成的父亲梁启超入京会试落第，后成为梁思成外公的考官李文田，因赏其文采，在卷尾批道："还君明珠双泪垂，恨不相逢未嫁时。"梁启超一生笔底风雷、梁思成一身学问，他们都在事业上不得志，或是应了这两句谶语？

梁思成、林徽因故居，位于清华大学新林院八号。1946年至1954年，梁思成、林徽因在此居住，这里也是中华人民共和国国徽、人民英雄纪念碑等设计方案的"诞生地"。

黎 锦 熙

香炉营西巷二十三号，
年轻的毛泽东两次在此度春节

　　黎锦熙在北京的故居，据考证有三处，烟筒胡同四号，香炉营西巷二十三号，成方街三十五号。最值得介绍的是香炉营西巷二十三号。此巷在宣武门大街东侧，茶食胡同北，东西走向，早为湖南会馆。明朝时，这一带称香炉巷。

　　黎锦熙于 1915 年 9 月来京，在教育部任职，即卜居香炉营西巷。1919 年 9 月的一天，邮差将一张明信片投入二十三号院黎家邮箱。这是 9 月 5 日从长沙寄出的明信片，上面用毛笔竖写着颇具功力的字："北京宣武门外香炉营西横街愉庐黎邵西先生收，毛泽东。"

邵西系黎锦熙之号，他是湖南湘潭人，1913年辞去待遇优厚的湖南督秘书一职，到湖南省第四师范任教，同年毛泽东考上该校。次年湖南第四师范合并到湖南第一师范，黎锦熙、徐特立和后来成为岳父的杨昌济都成了毛泽东的老师。课余，黎、徐、杨三位教师组织"宏文图书编译社"，一方面编译欧美新书，一方面编写教材。他们还办了《公言》报，发表文章，抨击教育弊端。黎锦熙曾找毛泽东帮助抄写稿件，贴补生活。另一位抄稿者便是《义勇军进行曲》之词作者田汉。

黎锦熙、杨昌济相继到北京就职，毛泽东经常与他的老师们通信，毛称黎锦熙是"可以商量学问、言天下国家之大计"的师友。毛泽东于1918年和1919年两次赴京，多次拜访黎锦熙，讨论新文化运动诸问题并两度在老师家过除夕、春节。

黎锦熙先后执教于北京高师、北京大学第一师范学院、北京师范大学等高校，桃李满天下。如舒舍予（老舍）、笔者的老师张寿康等作家学者都是他的弟子。

黎锦熙不仅为人师表，还是蜚声中外的学者。他与胡适、齐白石的友谊也很深厚。1946年胡适受白石老人的委托，替他作《齐白石年谱》。胡适拉黎锦熙合作，把自己1947年写的《齐白石自述编年》交给黎锦熙，希望得到他的"添补改削"。白石老人和黎锦熙"都是湘潭县人，两家又有六七十年的亲切交谊"，故胡适"早就打定了主意，这部《白石年谱》必须得着邵西的批评订补"（胡适《齐白石年谱》序）。

黎锦熙花费了半年时间，添补了很多宝贵的材料，差不多比胡适的原稿增加了一倍的篇幅。胡适说黎锦熙贡献至少有四个方面：一弄清白石老人迷信，"瞒天过海法"把七十五岁改为七十七岁；二用很多资料，把"艺木匠"的时代生活写得很真实、生动、充实；三用大量资料补充原稿的贫乏；四用黎终身的日记，考订白石老人事迹的年月。

《齐白石年谱》出版时，白石已近九十岁，胡适说，这是"黎邵西和我合作的战果"。

1949年之后，黎锦熙搬到成方街三十五号一座四合院。几处故居都已拆除。但黎锦熙主编的《中国大辞典》、《国音字典》及早年著的《国语文法》等，作为文化遗产，将流传下去。

香炉营西巷位于北京市西城区宣武门外东侧，北起香炉营头条，南至香炉营四条，是一条不太长的南北向胡同。胡同路西斜对着香炉营二条的这个院子，即是香炉营西巷二十三号。

谭 嗣 同

北半截胡同浏阳会馆的"长夜歌哭者"

谭嗣同的故居，在北半截胡同浏阳会馆四十一号。

北半截胡同的浏阳会馆与南半截胡同的绍兴会馆相对，近在咫尺；与米市胡同的南海会馆，以街相隔；与珠朝街中山会馆仅一箭之遥。明清时，这一带是各地会馆较为集中的区域。也是十九世纪末二十世纪初，最有历史故事的地方。仁人志士、学者作家如谭嗣同、康有为、孙中山、蔡元培、鲁迅、周作人等都曾在此落脚活动，或为世道长夜歌哭，或为救国喋血殉身。他们是那个昏暗时代，开出的明丽灿烂花朵。

北半截胡同的浏阳会馆，建于清同治十一年（1872），坐西朝东，是三进四合院。谭嗣同住在前院正房北面的套房里，室内悬有自题"怀旧雨轩"、"莽苍苍斋"额。大门"浏阳会馆"门额是谭嗣同父亲谭继洵所书。

谭嗣同父亲曾任清户部员外郎，谭嗣同于1865年生于北京烂漫胡同，注定这位湖南浏阳籍的后生，与北京有了生死之缘。他十二岁后，随父至甘肃赴任，往来于直隶、陕西、山西等地。光绪二十三年（1884），入新疆巡抚刘锦棠幕，后又游历西北、东南各省，考察民情，结交名士。1895年，回湖南，在浏阳发起设立算学会，集合维新志士求变法救国之道。当年八月，北京成立强学会，即赴京参会。次年，再回湖南长沙，创办新政。1898年，由人推荐，进京授四品卿衔军机章京，参预新政。是时胸怀大志却屡试不第的他甚为兴奋，曰："朝廷毅然变法，国事大有可为！"

自1898年6月11日光绪帝"诏定国是"，决定变法起，至9月21日政变，慈禧重新临朝，将光绪软禁于中南海瀛台，共计一百零三天，史称"百日维新"。这一年是戊戌年，也称"戊戌变法"。这是一出历史悲剧。光绪被囚，康有为、梁启超亡命日本，谭嗣同等"六君子"喋血菜市口。已经风雨飘摇的腐败清王朝，扼杀了一个致力于使王朝恢复生气的尝试，除了告密者袁世凯从中渔利外，倡导变法者及包括慈禧在内的保守派，都是历史的悲剧人物。

在谭嗣同被捕的前一天，谭到皮库营看望变法六君子之一的林旭，随即又由后门到上斜街支持变法的礼部右侍郎徐致靖家。徐留谭在家吃饭饮酒。谭对徐说："变法失败，我已托日本使馆掩护任公（梁启超）到津、由海道赴日。贼党追捕康先生甚急，吉凶未卜。"徐问："你作何打算？"谭从容一笑，用筷子在头上敲了一下说："小侄已准备好这个了。变法、革命都要流血，中国就从谭某开始！"

是夜，谭嗣同回到浏阳会馆，同住一条胡同的大刀王五匆匆登门，劝谭由他保护速速离京。谭苦涩一笑，谢绝好意，然后解下随身所佩带的宝剑赠与一身任侠精神的王五。

1898 年 9 月 25 日清晨，清廷的步军统领衙门派兵闯进浏阳会馆。谭嗣同正在书斋前的老槐树下漱口。清兵上前挽住谭嗣同的辫子，谭怒目相向："要逃，岂能落在你们这群蠢货手里！"是的，谭嗣同要做的都做了。9 月 18 日，谭嗣同明知袁世凯不可信，还是在夜色里携带光绪密诏，闯进法华寺面见袁世凯。21日，他到会馆见梁启超，告之已为梁安排好避难日本事宜，并希望梁帮助救康有为。梁启超力劝谭嗣同一同逃走，被他拒绝。日本使馆主动提出给谭嗣同提供"保护"，谭嗣同赴死之心已决，他有绝命语曰："有心杀贼，无力回天，死得其所，快哉快哉！"证实梁启超逃往日本使馆后，谭松了口气，开始打理后事。烧掉所有信函，以保护友人；给父亲写"绝情信"，使父免遭株连。然后坐在浏阳会馆，等待清兵的到来。他早已写好绝命诗："望门投止思张俭，忍死须臾待杜根。我自横刀向天笑，去留肝胆两昆仑。"其诗中张俭、杜根都为汉代名臣，又都曾为国家蒙冤，得到好心人的掩护和帮助。"去留肝胆两昆仑"句，是借春秋时期公孙杵臼与程婴故事，说明自己选择了死，与梁启超诸人暂时逃离，都是为了未竟事业，同样磊落。诗注出谭嗣同的人格精神。

1898年9月28日，谭嗣同从浏阳会馆被押走四日后，在秋叶簌簌飘落的秋日，同另五位戊戌君子将一腔热血洒在菜市口。尸体被大刀王五抢到后，连夜偷运往谭嗣同故里湖南浏阳安葬。

谭嗣同、康有为、梁启超诸君子，均属于理想型知识分子，虽都出自传统经史教育，却因受十九世纪的经世风气影响，苦苦思考救国之道，遂以经邦济世变法图强慷慨自任。与士大夫"以死酬主"的人格，截然不同。

谭嗣同之死，最为慷慨任道，他的死具有时代启蒙意义，又充满了对自我和历史的挑战意味。

半截胡同浏阳会馆四十一号，虽以谭嗣同的英名留下来，但那斑驳的院落，早已面目全非，那位"长夜歌哭者"早已被历史淡忘。

谭嗣同故居，位于北京市西城区北半截胡同四十一号。

蔡 元 培

东堂子胡同三十三号,
"五四"运动的酝酿和指挥中枢

蔡元培（1868—1940）的故居在东堂子胡同三十三号，是他自1917年至1923年在北京大学担任校长时居住的宅第。

东堂子胡同西接米市大街，东通南小街，地处繁华闹市，胡同却幽静整洁。胡同里五十一号住着沈从文，赵堂子胡同二号是朱启钤故居，往东过南小街与赵家楼曹汝霖公馆相邻。胡同对面西堂子，是左宗棠故居。

堂子，是祭神、拜天之所。顺治元年（1644）曾在长安左门玉河桥东建堂子。祭时皇帝大臣衣礼服，行三跪九拜之礼，汉臣不随往。东堂子、西堂子、赵堂子，或可是亲王贵戚所建祭神拜天之地，足证这些胡同过去的显赫。

东堂子三十三号坐北朝南，分东西各三进大院。进大门倒座五间房，是蔡元培的客厅，二进院三间北房和东西厢房各三间，由子女家人住，南房四间和耳房，是佣人、车夫住，三进院内五间正房是他的书房和卧室。院内植树种花，养金鱼，是北京典型的"天棚、鱼缸、石榴树、胖丫头"的四合院。主人已殂谢，院落几经拆与保护的周折，总算残缺不全地作为"蔡元培故居"被保存下来。这一院落浓缩了几分历史感，深意寄于宅院之外。

把叛逆知识分子的石子投入死水的，便是1916年成为北大校长的蔡元培。这是他的学生，又曾在他几度辞职或出国时，代理北大校长的蒋梦麟说的话。

蔡元培，出生于浙江绍兴。他曾顺利地沿着科举之路，十七岁中了秀才后，雄心勃勃地走进京城，点了进士，做了翰林院编修。按常理，儒林人物得此荣耀，光了门楣，当感谢皇恩浩荡，甘心效忠。但甲午海战之后蔡元培非但不肯做供奉食禄的官僚，且成为了大清帝国的叛逆者，义无反顾地走上了反清排满的革命道路。1902年与章炳麟等发起组织爱国学社，创办《俄事警闻》，提倡民权，鼓吹革命。1904年又与陶成章等组织光复会，密谋武装起义，次年加入同盟会。辛亥革命后，到德国留学。1916年，袁世凯死，应召回国任南京临时政府教育总长，提携同乡鲁迅到北京教育部任佥事。同年底任北京大学校长。他提倡"思想自由，兼容并包"，大胆延揽人才，坚持聘用陈独秀，慧眼延请胡适，破格任用只有中学学历的年轻学者梁漱溟为教授，以一系列开明又令人耳目一新的方法改造北大，使北大成为思想文化乃至政治的中心和精神高地，成为"五四"运动的策源地。

蔡元培实际上是"五四"运动的导演者。1919年5月2日，时任国务总理的钱能训，不顾外交委员会召开紧急会议决定拒签和约的决议，密电在巴黎参与"巴黎和谈"的代表，在丧权辱国的《巴黎和约》上签字。这一消息被同乡曾任民国司法总长的林长民得知，速告外交委员长汪大燮，汪得知后大为惊骇。5月3日凌晨，他急匆赶到东堂子胡同蔡元培家据实相告。国难当头，别无选择，蔡元培即刻召集罗家伦、傅斯年等学生代表到东堂子胡同蔡宅，通报实情。旋又召开全校教职员大会，共同商讨时局，谋求对策，并通电在巴黎参与和谈的首席代表陆征祥，劝其不要在和约上签字。

5月3日晚，北京大学在校广场举行了全校学生大会，决定联络其他各校，于5月4日上街游行示威。蔡元培与学生的心是相通的，他召集学生代表谈话，支持学生的爱国运动。同时他始终认为爱国与读书不能相互代替，也不能对立起来。救国运动唤醒民众义不容辞，但莘莘学子主要责任，还在于"树吾国新文化之基础，参加于世界学术之林"。蔡元培认为，"一时之唤醒，技止此矣，无可复加，若令为永久之觉醒，则非有以扩充其知识，高尚其志趣，纯洁其品格，必难幸致"（《蔡元培全集》第三卷）。这就是他"救国不忘读书，读书不忘救国"的文化精神。4日，北洋政府见广大学生已上街游行示威，要求校长蔡元培阻止学生的爱国活动，蔡元培回敬说："学生爱国，我不忍阻止！"

游行大军，穿过东堂子胡同，潮水般涌向东边不远处的赵家楼。不久，那里燃起熊熊大火。三十二名学生被捕，蔡元培多方营救，包括北大二十名在内的被捕学生全部获释。

当局以"纵火闹事"为由，扬言解散北京大学，又以"姑息纵容"为借口，撤掉蔡元培北大校长之职。蔡元培为保全学校，毅然离校。陈独秀、胡适等组织一系列的请愿、罢课、游行等声势浩大的活动，强烈要求当局请回蔡元培，重任北大校长。就在中国代表拒绝在《巴黎和约》签字的6月28日后的9月20日，三千名师生在北大召开了欢迎蔡校长重返学校的大会。

"五四"运动中，东堂子胡同的蔡宅，成了酝酿和指挥的中枢。

蔡元培和鲁迅都是绍兴人，经许寿裳推荐，蔡元培聘鲁迅任社会教育司第二科科长。后蔡元培到北大当校长，又延请鲁迅到北大任讲师。1927年，蔡元培任南京国民政府大学院院长，他又聘鲁迅为特约撰述员。后蔡元培与宋庆龄等人在上海发起组织中国民权保障同盟，也邀鲁迅参加。尽管鲁迅后来对蔡元培不满甚至不断攻讦，但蔡元培并不计较。在鲁迅死时，蔡元培与宋庆龄组成治丧委员会，蔡元培还送挽联曰："著作最谨严，岂惟《中国小说史》；遗言太沉重，莫作空头文学家。"表达其对鲁迅的怀念。

蔡元培于1940年3月5日在香港逝世，毛泽东称他为"学界泰斗，人世楷模"，是对他一生最崇高的历史评价。而蔡元培为我们民族留下的那份文化遗产，不论在1949年之后评价如何，其回响永不消逝。

蔡元培故居，位于北京市东城区东堂子胡同七十五号（原四十三号）。

陈 独 秀

箭杆胡同九号，
《新青年》推动新文化运动

　　陈独秀故居在北池子大街箭杆胡同。这座小四合院跨骑两条胡同，北门在箭杆胡同，西门却开在妞妞胡同，门牌都是九号。

　　1917年隆冬，陈独秀冒着大雪，从沪至京，住进这座门楼有对石狮的小院。他是应校长蔡元培力邀，携《新青年》杂志编辑部，到北京大学任文科学长之职的。

　　一溜宽敞的北房，用雕花木隔断分成三间。中间用做客厅兼书房，西间为他和妻子高君曼的卧室，东间是《新青年》办公室。收拾甫定，蔡元培和钱玄同教授等一干人便来贺乔迁之喜。蔡与陈很早就相识，他们在上海"歃血盟誓"，组织暗杀团，研制炸药，潜入北京五个月，多次到西直门和颐和园寻机刺杀慈禧，不料因戒备森严，终未得手，无功而返。再度重逢，不胜感慨。

陈独秀，安徽安庆人，原名乾生，字仲甫。光绪二十二年秀才，后留学日本，辛亥革命前后，组建过进步的岳王会，曾任安徽都督柏文蔚的秘书。1903年，在上海报界闻人也是他密友汪孟邹的资助下，与章士钊创办《国民日日报》，又主编过《安徽俗语报》。那时的陈独秀二十出头，每天忙于编写，跑印刷，搞邮寄，一日两餐稀粥，蓬头垢面，满身虱子，生活十分清苦，却意气风发，醉心于革新大业。他自书巨幅对联"批倒一时豪杰，扩拓万古心胸"，抒气吞山河之豪气。陈独秀才华横溢，为文狂飙突进，凌厉霸悍，给当时死寂的社会，注入一股强劲活力。毛泽东称他为"思想界的明星"。

1915年9月，他在上海创办《青年杂志》，后改为《新青年》，吹响新文化运动的号角。

陈独秀住进箭杆胡同后，以文科学长（文学院院长）身份在北大积极进行文科改革，延聘著名学者。他把胡适聘进北京大学，为新文学运动请来了旗手。陈独秀在上海办《青年杂志》时，就与在美的胡适有书信往来。胡适也成为《新青年》的重要撰稿人之一。1917年元月，胡适在《新青年》上发表了《文学改良刍议》，后又发表《文学革命论》，将新文学运动推向一个新高潮。陈独秀竭力邀胡适到北大，他在给胡适的信中说："（蔡元培）力约弟为文科学长，弟荐足下以代，此时无人，弟暂充之。"胡适遂到北京。陈独秀又请胡适到箭杆胡同，合办《新青年》，与李大钊、钱玄同、高一涵、沈尹默六人轮流编辑。《新青年》高举民主和科学两面大旗，成为新文化运动的中心，陈独秀成为总司令。

陈独秀个性狷介刚正，有时独断独行。他任北大文科学长时，锐意整顿纪律。黎元洪侄子常缺课，让别人代他签到。陈未经调查，误听误信，把板子打到许德珩身上，在布告栏上公布其旷课多次，记大过。整日在教室听课、在图书馆用功的许德珩不服，前去撕掉记过告示。陈大怒，又出再记一大过告示。许再次撕掉，并与陈理论。经调查，真相大白，陈独秀收回处分许的成命，并极诚恳地向许德珩鞠躬道歉，后师生成为好朋友。

1918 年年底，陈独秀在箭杆胡同与李大钊多次磋商后，共同创办《每周评论》。至 1919 年 8 月 30 日被北洋军阀政府查封，共出三十七期。从第二十六期始，因陈独秀被捕，由胡适主编。胡适接手前，编辑部就设在陈独秀箭杆胡同寓所，陈独秀、李大钊等经常在此宅讨论。《每周评论》以启迪民智、改造社会为宗旨，在国内有较大影响。次年，陈独秀与蔡元培等发动并领导了"五四"运动。毛泽东高度评价陈独秀，称他是"五四运动总司令"。

1920 年的暖冬，手持油布雨伞的湖南年轻人毛泽东，推开了箭杆胡同九号的大门。高君曼把他引进客厅，拜见了刚出狱不久的陈独秀。毛泽东把自己主办的《湘江评论》创刊号，交到有些憔悴的陈独秀手里。陈独秀看到一篇关于他的文章《陈独秀被捕及营救》。他认真地读完毛泽东的这篇文章，特别是读到"我说陈君至坚至高的精神万岁"时，两眼闪出激动的光芒。窗外淅沥地下着雪雨，屋里燃着温暖的炉火，陈独秀与英气逼人的湖南年轻人，谈得甚是欢愉。

陈独秀将毛泽东送出大门，回到屋里，研墨铺纸，挥毫写道："我听到了这类声音，欢喜极了，几乎落下泪来！"其时，泪水早已溢出眼眶……

陈独秀旧居，位于北京市东城区北池子
大街箭杆胡同二十号。

李 大 钊

铜幌子胡同甲三号，
被选为国民党中央执委的共产党人

李大钊在北京曾先后有八处故居，记载了这位共产党人的斗争历史，而1924年是李大钊最艰苦、最繁忙，也最辉煌的一年，这一年，他住在铜幌子胡同。

宣武门铜幌子胡同甲三号，是李大钊第五处居所，位于石驸马大街（现新文化街）南、北回营胡同东，东与前王公厂胡同相对。向南穿过水月庵胡同，便是宣武门西古老而斑驳的城墙。

幌子，查《北京土语辞典》，是旧时商店前悬挂或摆出的表明所卖货品的标志，如酒店悬葫芦，药店悬木制的膏药等。用铜制的幌子招徕顾客的店铺，定是大买卖。这说明过去紧挨宣武门通衢大道的铜幌子胡同，应该曾经是店铺林立、很是繁华热闹的地界儿。

"二七"惨案后，李大钊被反动当局通缉，便从院内有三棵海棠树的石驸马后宅三十五号，秘密地搬到铜幌子胡同甲三号，并在这里写了《艰难的国运与雄健的国民》、《纪念列宁和"二七"》两篇文章。1924年春，国共第一次合作，李大钊代表共产党赴广州参加国民党第一次代表大会，被选为国民党中央执行委员并与孙中山先生共商国是。回京后，北洋政府警察总监王怀庆，以"共产党首领"罪名，下令通缉逮捕李大钊。得到消息，李大钊剃去标志性的两撇浓黑胡须，穿上长袍马褂，装扮成商人，由儿子李宝华陪同，携轻便软包，从容通过军警的岗卡，进前门火车站。搭乘夜间京奉火车，次日晨在昌黎火车站下车，再次登上五峰山，住进韩昌黎祠，在这里写了悼念女儿李钟华的长诗。李大钊针对胡适《多研究些问题，少谈些"主义"》一文而写的《再论问题与主义》，便是上次1919年躲避军阀迫害，来到韩昌黎祠写的。原本是关于社会问题的学术交流，后被人强拉到两个主义和两种思想的斗争，作为一块拍胡适的沉重的石头。

李大钊与其子李宝华刚刚登上东去的火车，王怀庆派的军警就闯进铜幌子胡同甲三号。经过一番搜查和盘问之后，一无所获，悻悻离去。是夜，军警装扮成流氓，到院里寻衅闹事，更有"盗贼"，偷偷潜入院内，偷鸡摸狗，打探消息。第二天，为躲避军警骚扰，李大钊夫人赵纫兰带领全家也乘京奉火车，回到李大钊的老家，离昌黎不远的乐亭。孰料，王怀庆的爪牙也偷偷尾随而至，企图顺藤摸瓜，抓捕李大钊。奈何李大钊已避险五峰山，再次扑空。

几乎与此同时，中共中央派人登上五峰山，通知李大钊回京，率中共代表团到苏联出席共产国际第二次代表大会。后考虑实际情况，中共中央同意李大钊直接从昌黎乘车赴苏。临行前，刚写完悼念女儿李钟华的长诗，李大钊即接到夫人的信。夫人打算去找李大钊的昔日同窗，当时在反动政府任要职的白坚武，求他帮助取消对李大钊的通缉令。李大钊即刻派人回信赵纫兰，劝其不能作此打算。信中说，这"不过是一时恐怖罢了，不出十年，红旗将会飘满北京"。充满乐观主义的信，大大增强了家人对敌斗争的信心。李大钊得到昌黎爱国实业家、笔者家的世交，后任共和国水产部副部长的杨扶青慷慨资助的五百大洋，去苏开会。

李大钊从苏回京时，已是枫叶刚红的秋天。为安全计，李大钊从铜幌子胡同甲三号，迁居到报子胡同对面的邱祖胡同。解放后傅作义将军曾在邱祖胡同居住过。

我上中学的1957年4月28日，陈毅元帅在《人民日报》发表《纪念李大钊同志殉难三十周年》一文。我班团支部也开展悼念李大钊活动。团员自己找材料，讲述李大钊革命事迹。一位家住铜光（铜幌子）胡同的团员说，三十三年前，他爷爷经常见到北大教授李大钊。他的两撇浓密的黑胡须和金丝边眼镜，特别显眼。他每天乘洋车上下班。至甲三号拜访的人，多是西服革履、呢礼帽，唯独他总着蓝或灰色棉布长袍，光着头。有一次，还在胡同碰见李先生举着一串糖葫芦，和拿着风车的女儿笑着坐在洋车上……团员们立刻打断他说，革命者英姿飒爽，叱咤风云，哪有这般模样的！

往事如烟，铜幌子胡同、邱祖胡同早已化成尘埃消失，但关于李大钊的传奇人生，却已深深印在古都北京，载入了共和国史册，永远被后人传颂。

李大钊故居，位于北京市西城区文华胡同二十四号。1916年夏至1927年春李大钊在北京工作、生活十年，先后居住过八个地方。1920年春至1924年1月，他在此居住，这是李大钊在故乡之外与家人生活时间最长的一处居所。

章 士 钊

史家胡同二十四号，
毛泽东的座上宾

章士钊（1881－1973）的故居在史家胡同二十四号。

史家胡同，明时属黄华坊，西临灯市口东，东至南小街，是一条东西走向的胡同。据《宸垣识略》载，元、明时"京师倡家东西院籍隶教坊"，乃烟花柳巷，勾栏之处。灯市口又为京城极繁华热闹的市场。清始，史家胡同一带，多居达官贵戚，深宅大院不少。

章士钊到此居住，纯属偶然。1959 年，周恩来总理到东四八条一百一十一号看望政协常委、毛泽东的好友章士钊时，发现他一家挤住在两间小房里，连放书的地方都没有。章士钊1949年应毛泽东之邀到北京，直到1959年周恩来造访，他一直借住在老友，曾任北洋政府内务总长、代理国务总理的朱启钤家里。不久周恩来即安排章士钊搬到史家胡同二十四号大宅院。

　　章士钊是位传奇人物。早年入南京陆师学堂，因参加学潮被除名，1903年任上海《苏报》主笔。不久留学日本，再转英国专修政治经济学。1911年武昌起义后回国，创办《独立周报》批评当时的政治弊端。南北议和后，任北京大学校长、教育总长、司法总长等职。"九一八"事变后，至上海当律师，自愿为陈独秀辩护，抗战爆发后去香港。1945年初，代表国民党参与国共谈判，谈判失败章士钊去香港，后受毛泽东之邀，到北京。章士钊的眼光独到，第一次见到毛泽东，就对毛后来的岳父讲，毛有帝王之相。他在日本留学，第一次见到孙中山时，也断定他能成就大事业。但章士钊反对暴力救国，笃信惟教育才能让中国富裕强盛。他不追随孙中山革命，连他互换兰帖的兄弟章太炎苦劝也不动心。章太炎后来用女界强人吴弱男当说客，反而被章士钊说服，二人同赴英伦，在英结婚，让老哥章太炎哭笑不得。独立精神、自由灵魂，是章士钊留给我们最宝贵的遗产。

章士钊 1924 年 11 月，应北洋政府之邀，从上海来京就任临时司法总长等职时，段祺瑞曾安排他住到魏家胡同十三号（现为二十九号）。这期间章士钊与胡适不期而遇于琉璃厂。一个新文化运动的保守派与一个拉开新文化运动大幕的急先锋碰面，非但没有发生激烈的撞击，反而借胡适买线装本《红楼梦》之举，竟有了一番文人间惺惺相惜的佳话。两个性情中人，同往照相馆合影，马褂和西装与其乐融融的神情给历史留下耐人寻味的瞬间。曾猛烈攻讦新诗的章士钊，还赠给第一个作新诗的胡适一首新诗。其中有"你不攻来我不驳，双双并坐，各有各的心肠"，"我写的白话歪诗送把你，总算是俺老章投了降"。

毛泽东与章士钊交好，是因为毛泽东在早年到北京从事革命活动时，就在自己老泰山杨昌济家豆腐池胡同九号，与当时的名人章士钊相识。后来毛泽东到上海为留法学生送行时，急需一笔资金。毛泽东找到在上海参加"南北议和"的章士钊。章士钊即刻筹集二万块大洋，促成此次学生留法之行，让毛泽东铭记于心。

章士钊与李大钊也有多年的交情。李大钊曾在章家做过其女儿的家庭教师。李大钊被捕，章士钊倾力相救不成。在李大钊被军阀绞杀后，梁漱溟看望李大钊夫人，并留下十块大洋，又赶到现场，见棺材菲薄不堪，即给章士钊打电话，望他出手相助。章士钊命夫人前往，花一百二十大洋购置一口极好的柏木棺材，装殓了李大钊。

毛泽东对他的"右派朋友"章士钊的乐善好施，也知恩必报。从1963年始，毛泽东每年都派秘书交二千元给章士钊"还账"。章士钊自然拒绝，说那二万块大洋是筹措的，非他之财，但毛泽东坚持这么做，十年不曾间断。

"文革"间，史家胡同二十四号涌进大批"红卫兵"，不仅抄了家，还将八十五岁的章士钊老人批斗了一番。章士钊给毛泽东写了封信反映情况。第二天，毛泽东即回信，表示"甚为系念，已请总理予以布置，勿念为盼"。章士钊与部分民主人士，才得以逃过劫难。

章士钊病逝于1973年，他是背负着"三一八"惨案导演者的骂名而去的。好在历史不是几个人说了算的。人们现在正逐渐让历史重现本来面貌。章士钊的冤案，也日渐清晰。

纵观章士钊的一生，我们从他身上，看到了"士"的精神。"士"者，天地人伦间基本价值的维护者，文化使命的承当者，用现在的话说，是社会良心的代表。章士钊的独立自由的精神，是对"士"的独特诠释。

正在修缮中的章士钊故居，位于北京市东城区史家胡同
五十一号（原二十四号）。

马 寅 初

东总布胡同三十二号，
因提倡计划生育而落难的一匹老马

马寅初住在东城东总布胡同三十二号。这是 1951 年，马寅初辞去浙江大学校长，来京担任新中国成立后第一任北京大学校长时，由总理周恩来亲自给他安排的住所。

总布胡同，明朝时称总铺胡同，因总铺衙门设此而得名。据《宸垣识略》载，总铺胡同"昔时歌舞地"。清时渐成达官贵人的栖居地。清末，以南小街为界，分为东、西总布胡同。

东总布胡同三十二号，原是一官宦之家的宅第，经过几次翻修改建，待马寅初住进时，坐北朝南的大门里，已矗立起一座二层小楼。因离我家遂安伯胡同不远，小时候夏日常与几个小伙伴偷偷溜进院里，在长满树木花草且又幽静的大院里黏蝉或蜻蜓。偶尔遇到结实的马寅初，他从不责备我们。有一次还从我手里接过抹了胶的竹竿，小心翼翼地举着黏树上的蝉，眼神不好，蝉被惊飞了，老人摇头却笑得天真。

1952年，北京大学迁到燕京大学旧址，为了上班方便，七十岁的马寅初住进了燕南园六十三号有着庭院的平房里。与周围庭院式的别墅迥然不同，但有修竹鲜花相伴，老人心情极为愉悦。

马寅初与北京大学颇有渊源。1919年，马寅初以美国哥伦比亚大学经济系博士身份来北京大学当教授。又因多了校长蔡元培的一票，他当选为北大第一任教务长。后他又与友人创办东南大学商学院，1923年被聘为中国银行总发行人，1928年任南京经济委员会委员，并兼任委员长。"七七事变"爆发，任重庆大学商学院院长，因拒见蒋介石曾被软禁……年过七十，再到北大工作，是老人的宿愿。

古稀之年的马寅初鹤发童颜、精神矍铄、步履矫健、声若洪钟，在北大校园是一道风景。他为人坦荡，有时也闹点小笑话。一次李富春副总理到校作报告，他因喝了几杯老酒，在会上说："刚才，李副总统的讲话……"令人忍俊不禁。

俗话说，人有旦夕祸福，在阶级斗争常态化的年代，哪个人突然落难，不足为奇，但马寅初遭到举国批判，却真的让人莫名。上个世纪五十年代中期，周恩来把马寅初请进中南海，向共和国的决策者们讲述他的"控制人口理论"。毛泽东当场表态说，人口是不是可以搞成有计划的生产，完全可以进行研究试验，并说："这一点马寅初讲得很好！"得到毛主席的肯定，马寅初便马不停蹄地在《文汇报》公开发表谈话，在北大演讲，甚至在1957年第一届人大四次会议上，把"控制人口理论"作为正式提案提交大会。7月5日，《人民日报》在第一版刊登。

历来的政治斗争，都是云谲波诡的。善良的马寅初，并未从1958年毛泽东写的《介绍一个合作社》一文中关于"除了党的领导之外，六亿人口是一个决定的因素，人多议论多，热情高，干劲大"的表述中，嗅到毛泽东对控制人口观念的态度已有重大变化，没有识趣地悬崖勒马。在康生之流已磨刀霍霍点名批判他的时候，老人没有像大多数知识分子那样，低头认罪，自我否定，而是坚持真理，予以回击。他在《新建设》杂志上重申自己的观点，并以战士的口吻说："我虽近年八十，明知寡不敌众，自当单身匹马，出来应战，直至战死为止！"表现了老人坚持真理的浩然正气和人格力量。

一次在北京大学召开的批判马寅初"新人口论"的大会上，面对康生阴阳怪气的污蔑，马寅初针锋相对地反驳："有人说我是马尔萨斯主义者，我则称他们为教条主义者，反对列宁主义者！"掷地有声，会场沉默。

1960年，被迫辞去校长职务的马寅初，重归东总布胡同三十二号。无官一身轻的马寅初，离开了热闹而诡谲的官场，开始一生中最为恬淡的生活。但有一天，陈毅元帅突然登门造访马寅初，他是受陈云副总理的委托，专程向他表达："即使再过一万年，你马寅初在这个问题上也是正确的！"

寂寥中，马寅初在东总布胡同三十二号，撰写了一部关于农业经济的书，至1964年底这部一百多万字的极具学术价值的《农书》完成，但以他的身份，没有哪个出版社敢于出版。"文革"时，马寅初的家人怕老人再遭不测，偷偷地将书稿投进院里燃着熊熊烈火的锅炉，化为一缕浓烟，无声地消失了。

马寅初欲哭无泪，只有仰天长啸。那是一个对文明和文化格杀勿论的年代。

按干支历法算，马寅初生于马年马月马日马时，集五马于一身，亘古少见，少时在乡里被视为有大吉相的神童。后来马寅初提出"新人口论"，被诬称"中国的马尔萨斯"，于是变成"六马"先生。马老闻之，驳曰："我是马克思的'马'！"不错，如若我国的决策者听从马寅初控制人口的科学建议，就不会出现让人口拖住中国发展的窘境。

这匹老马恢复名誉时，已是蒙冤二十二年后的 1979 年 9 月 15 日。那天，年届四十的我与任政协委员的爷爷一道去看马老。世道变得很快，这座被人冷落近二十年的院落，突然车水马龙，访者如过江之鲫。我把一束鲜花放在老人的床头，马老笑了笑。在这一年前，我与住在南小街的军旅作家王愿坚一起拜访过他，马老说他读过王愿坚的《七根火柴》。那时马老已患直肠癌多年，人很瘦削，但精神还好。如今，他更瘦骨伶仃。

1982 年 5 月 10 日，这匹在他热爱的大地上奔驰了一生的老马，终于告别了给他留下太多欢乐和痛苦世界。他在这个世界整整度过了一百年。

马寅初故居是民国时期建造的一座西洋
风格的二层楼房，院内高耸着一棵白干
绿冠的白皮松。

赵朴初

南小栓胡同一号，
"这个和尚懂得辩证法"

赵朴初的故居在南小栓胡同一号。

南小栓胡同，旧时叫东拴马桩胡同，清末民初军阀吴佩孚曾在此地养马。有马就得拴，于是就有拴马桩胡同。据传，这一带明时为御马圈。胡同紧挨东绒线胡同，北靠西长安街。对过儿是六部口。

这座院落是三进院，进门沿廊往西，是独立的东院。院内有两间房，外间是小书斋，里间为小佛堂，供奉一尊手持圆满印的卢舍那佛像，下面小条案上，还供奉不少小佛像。一看便知，主人奉佛极为虔诚。走进宅院的主体部分西院，丛丛修竹和两棵枣树，把小院点缀得静穆清幽。细看屋檐上的古雅瓦当，每块都有佛家纹饰，虽不闻木鱼诵经之声，却弥漫着一种超然物外的气息，与主人客厅兼书斋的雅号"无尽意斋"极为和谐。

赵朴初出生于四代翰林之家，早年就学于苏州东吴大学。父亲给他取名朴初，寓意"返璞归真，悟初写静"。他果真在上海从事佛教和社会救济工作。任全国佛教协会副会长兼秘书长。1953年初周恩来提名，调到北京从事宗教、民主党派、社会慈善等工作。先住大拐棒胡同，1962年住进南小栓胡同一号直至辞世。

赵朴初是杰出的爱国宗教领袖，在国内外宗教界有着广泛的影响，深受广大佛教徒和信教群众的尊敬和爱戴。他精通佛学，他的《佛教常识答问》深入浅出，把佛教的教义圆融于建设社会主义的大业与维护民族和国家尊严、促进国家和平统一大业之中，深受宗教界和广大群众的推崇。

一次毛泽东曾指着赵朴初对众人赞道："这个和尚懂得

辩证法。"

周恩来对赵朴初更是称赞有加，说他是"国家的宝贝，是活菩萨"。他还主动把赵朴初介绍到中国作家协会，成为作协会员。

日本佛教领袖大西良庆长老，对赵朴初十分尊重。在京都清水寺，他一百零八岁圆寂前十天，写了下阕楹联"风光千里来"后，嘱众弟子上阕请赵朴初来补。赵朴初来时，补上阕 "妙法一音演"，绝妙之对。大西良庆长老早与赵朴初有交谊，1982年赵朴初曾奉大西良庆长老之意，给长老的下联"月穿潭底水无痕"，对一上联。赵朴初对上联曰"竹影扫阶尘不动"。珠联璧合，一时佛教界传为佳话。

赵朴初对中国古典文学有着十分精湛深入的研究，在诗词歌赋方面造诣极深。曾有《滴水集》、《片石集》等问世。上个世纪六十年代中期，苏共第一书记赫鲁晓夫下台，赵老填了三首散曲，毛泽东阅后大为赞赏，后发在《人民日报》上，轰动文坛。

赵朴初的书法尤具功力。我家住马甸冠城南园，刻在大理石上的"冠城南园"四字，就是赵老的墨宝，洒脱俊逸。

1988 年，笔者到广州水荫路木石斋，与书画家赖少其闲聊时，他说在中国书法史上，有五位僧侣大书法家：北魏北齐道壹、陈隋智永、唐代怀素、民国时弘一和尚和当代的赵朴初。赵老当之无愧。

赵朴初 2000 年 5 月 21 日逝世于北京医院，南小栓胡同一号那尊卢舍那佛像，一直守候着他功德圆满的灵魂。

赵朴初故居，位于北京市西城区南小栓胡同一号。

齐白石

跨车胡同十五号，
"卖画不与官家"的丹青大师

齐白石在 1926 年冬天，花了二千块大洋买下了西单跨车胡同十五号宅院。那年齐白石六十四岁。

跨车胡同十五号，位于辟才胡同的西口，胡同最南口，路西把角儿，是座不小的四合院。但与京城四合院一般都种西府海棠、丹柿、石榴，摆放鱼缸、荷花缸不同，齐白石住进小院后，院里便种满了丝瓜、豆角、苋菜、牵牛花，架起藤萝和葡萄，还养了猫和鸡，一派散发着泥土气息的田园风光。

老人居于都市，心却总思恋湖南的故乡。

1946年秋天，齐白石走进东厂胡同一号胡适的府邸，把一大包自己的传记材料交给好友胡适，希望胡适为他作《齐白石年谱》。齐白石不仅画工高妙，他写的传记文字，"朴实的真美最有力量，最能感动人"，而且具有他"独有的风趣，很有诗意，也很有画境"（胡适《白石年谱》序）。1947年，胡适作的《齐白石自述编年》完成，又过一年《白石年谱》完成。因多是白石老人自述，故是研究齐白石艺术人生的重要而真实的资料。

齐白石只读一年私塾，十五岁学木工，兼向乡里名士学画和诗文。于不惑之年，游名山大川，为避战乱，1903年到北京卖画为生。幸逢能人陈师曾指点，五十七岁的乡野画工始"衰年变法"，创作一万多幅画作之后，气象一新。

1919年齐白石住到法源寺，不久又住龙泉寺。次年住闹市口石灯庵，再迁观音寺。1922年住西四三道栅栏，过一年秋，搬入高岔拉一号。

这么多年，飘泊北京，靠卖画度日，即便润格很低，依然问津者寥寥。直到1922年，曾指导过齐白石的陈师曾赴日本参加"中国联合绘画展"时,带去了齐白石的画作,一经展览,被抢购一空,有的还参加了巴黎绘画展。

一直被人冷落的齐白石,开始被琉璃厂画店老板看好,润格费不断看涨,买家络绎登门,齐白石在京师也闻名遐迩。手头渐变宽裕的齐白石买下了跨车胡同十五号。次年,他被聘为国立北京艺术专门学校中国画教习,艺专改为北平大学艺术学院后,他被聘为教授。

齐白石是继吴昌硕后,最杰出的大写意花鸟画家。他把对生活的体验融入画卷,色彩浓郁鲜明,画风简洁有趣,表达出他的睿智、人生经验和盱衡世事的洞察力。他有一句诗"苦把流光换画禅,功夫深处渐天然",但齐白石的画并无禅境,倒是进入化境。

古人云:"风神骨气者居上,妍美功用者居下。"抗日战争爆发,北京沦陷,齐白石在大门上贴一纸条,上云:"白石老人心脏病发作,停止见客。"后又在门上贴出告示"画不卖与官家"云云。老人在此期间曾作《群鼠图》,画面群鼠乱舞,丑态百出,其白处题曰:"群鼠群鼠,何多如许?何闹如许?既啮我果,又剥我黍。烛灯残,天欲曙,严冬已换五更鼓。"对日寇汉奸的讽刺，入木三分，又让人莞尔一笑。

齐白石的绘画价值被人发现之后，他受到了社会的尊重。1946年，他复出画坛，艺术已炉火纯青。蒋介石派飞机恭迎他到南京参加画展，亲自接见，并派于右任设宴招待。新中国建立后，齐白石画《普天同庆》一轴，送给毛泽东主席。1952年10月15日毛泽东致信齐白石："白石先生，承赠《普天同庆》绘画一轴，业已收到，甚为感谢！"不久，毛泽东派车接齐白石到中南海吃饭。中央美术学院聘其为名誉教授，当选为全国美协主席，又与老舍一起被文化部授予"人民艺术家"称号。1955年世界和平理事会授予他国际和平奖。1963年被列为世界文化名人。总理周恩来还给齐白石在东城雨儿胡十三号新置了个大宅院。住进三个月，思念老宅，便又回到跨车胡同。

跨车胡同十五号老宅，有太多的东西让老人牵挂。比如在老宅中，他盖了间比正房还结实的储藏室，里面存放着粮食，民以食为天，有了粮食就有了日子可过。他每天都摸出身上挂着的一大串钥匙，打开锁，让佣人跟他入内，然后他用小碗按吃饭的人口量出面来。他看病总是画张画充医资；购画者少给钱，画中的虾便只有身尾，头却扎在泥沙里，神虾见尾不见首。他曾收著名评剧演员新凤霞为关门弟子，高兴时，用钥匙打开立柜，从果匣中摸出一块点心送给徒弟。因平日老人舍不得吃，存放时间太长，硬得无法入口。黄永玉也曾有一段文字，记他与李可染拜访白石老人时的情景，老人"亲自打开柜门的锁，取出两碟待客的点心……发现剖开的月饼内有细小的东西在活动"。老人的规矩是，端出点心只是礼数过程，"倒并不希望冒失的客人动起手来"。这些生活细节，常常让人觉得齐白石也过于"小气"，曾被人诟病。殊不知，老人是苦水里爬出来的人，他太懂得该珍惜的东西了。白石老人写的《母亲周太君身世》中，有这样一段："田家供灶、常烧稻草，草中有未尽之谷粒，太君爱惜，以捣衣椎椎之，一月可得谷约一合，聚少成多，能换棉花……"可见白石老人继了母亲的勤俭遗风。老人若贪财，缘何放弃雨儿胡同大宅院呢？齐白石是慷慨的，他用绘画留给我们一个丰富多彩又躁动着活力的艺术世界。

　　真正否定齐白石的人是江青。"文革"前夕，她找美术界人士谈话，大批齐白石，说什么齐白石一把葱、两个蒜、几个虾就那么好？说齐白石是守财奴（《文坛风云录》）。江青这番话随同"文革"一起，早已被雨打风吹去。

　　齐白石老人是 1957 年在北京医院逝世的，享年九十三岁。如今那座他居住了三十一年的跨车胡同十五号宅院，还孤独地守望在那里，屋顶的荒草萋萋，任周围的高楼嘲笑……

齐白石故居，位于北京市西城区跨车胡同十五号。

徐悲鸿

东受禄街十三号，
"北平解放之日"，"躬逢其盛"画牛

　　徐悲鸿在北京的故居究竟在何处，众说纷纭。据考，
1948年至1953年徐悲鸿逝世，曾在东受禄街十三号住过六年，
不妨权当故居。东受禄街坊在北京站东街之南，北京火车站
之东北，羊毛胡同之西。清光绪年间，这一带是衙门办公之
地，故称官厅。民国时改成巡警阁子。东受禄街十三号，是
街上最大的院落，徐悲鸿于1948年移居于此，1953年病逝后，
此院改成徐悲鸿纪念馆，徐悲鸿夫人廖静文一直住在这里。

后徐悲鸿纪念馆移至新街口北大街。

徐悲鸿（1895—1953）是中国画坛上中西合璧最具影响力的大师，被公认为中国现代美术的奠基人。出生于江苏宜兴，其父徐达章以绘画为业，是当地名宿，不仅工于书画篆刻，又擅诗文，对徐悲鸿耳濡目染，影响甚大。徐悲鸿二十一岁凭真才实学，被聘到上海圣仓明智大学讲学、作画。1918年赴日本考察艺术，归国时年仅二十三岁，便成为北京大学画法研究会导师，发表《中国画改良论》，其锐意改革中国绘画之宏论，使死水一潭的画界风生水起。次年赴法国巴黎国立高等美术学校深造。后又遍游欧洲，博览精取，融会贯通。1927年，徐悲鸿归国前，送交法国全国美展的九幅油画全部入选，徐悲鸿卓越的艺术才华和画作独特的东方韵味，震惊欧洲画坛。

徐悲鸿于1928年10月，从南京到上海就任艺术学院院长。他一面教学，一面绘画，同时又致力于绘画的改革。上世纪二十年代的北京画坛，深受"四王"遗风的影响，因袭守旧，死气沉沉。徐悲鸿的锐意改革，遭到保守派的强烈抵制，使他孤掌难鸣。徐悲鸿想到了因"衰年变法"而正受保守派攻击的齐白石。当时画坛一些人骂齐白石的画"俗气熏人"，"不能登大雅之堂"，连与齐白石私交甚笃的京津画派掌门人周肇祥，都对其弟子说，齐白石的画"是骗人的"。徐悲鸿顶着压力，推开齐白石"借山馆"大门，高度评价齐白石的创新精神，并请他继续在艺术学院担任教授。徐悲鸿认为齐白石的画"妙造自然"，"致广大，尽精微"。邂逅知音，白石老人深为感动，两位艺术大师在中国画改良的道路上，并肩而行，成就了二十五年的交谊。小齐白石三十一岁的徐悲鸿，对齐白石晚年能够登上艺术巅峰起到举足轻重的作用。1953年得知徐悲鸿英年早逝，白石老人沉默无语、潸然泪下。老人记得，就在端午节，徐悲鸿夫妇差人登门送来清江鲥鱼一条，粽子一包并附一信，嘱老人吃鲥鱼时，"不必去鳞，因鳞内有油，宜清蒸，味道鲜美"。徐悲鸿不仅是当时画坛执牛耳者，他崇真尚实，有胆有识，具有中国知识分子的理性和良知，身边聚集众多画坛名家和新秀。

徐悲鸿的人格魅力，还表现在他与画坛同行们的真挚友谊上。1943年，他在香港避战火时，购得唐代大画家吴道子的真迹《八十七神仙卷》，他视若珍宝，不幸在昆明丢失，后此画出现在成都，他又花重金购回。只可惜此画在流传中已有残破，他心痛不已。但经裱画师刘全涛精心重裱，传世国宝完整如初。张大千、谢稚柳二大师也兴奋异常，在画上题跋，以贺挚友徐悲鸿。如今，这幅盖有"悲鸿生命"印章的《八十七神仙卷》，收藏于"徐悲鸿纪念馆"，传诵着他与张大千、谢稚柳三位国宝级大师的深厚友谊，更是中国画界代代传承的典范。

1948年初冬，徐悲鸿在东受禄街宅第，向裱画师刘全涛师傅表示，要带他一起移居印度加尔各答或新加坡，在那里徐绘画，刘装裱。刘全涛知道，就在几天前，蒋介石的亲信、内政部长张道藩，几次去徐悲鸿家，表达蒋介石请徐悲鸿去台湾的意思，说第一架飞机已接胡适等起飞了，第二架飞机只要徐悲鸿登机，即起飞。

就在张道藩三番五次到徐宅敦请之时，共产党也派田汉潜入北京，在地下党的帮助下，找到徐悲鸿。徐田是老相识了。1935年他们在上海大学教书时，田汉被捕，关进秘密监狱。徐悲鸿和宗白华教授，以身家性命作担保，多方营救，田汉终被救出。十多年离别，今又重逢，双方执手落泪。田汉表示新中国美术界希望"中国近代绘画之父"发挥中流砥柱的作用。徐悲鸿毫不犹豫地留下，1949年7月，成为中华全国文学艺术工作者代表大会主席团和常务主席团成员，并被选为中华全国美术工作者协会主席。

新生活的到来，令徐悲鸿感奋不已。解放军入城之日，徐悲鸿在东受禄街宅第，挥毫泼墨，画了一头牛，送给刘全涛，表达大师的心境。他在画上题写道："吾虽出卖劳力，但也求其值得。一生伏地耕耘，寻些青草吃吃。世上尽有投机，奈何愚笨不识。至多负荷一犁，听听旁人鼻息。己丑岁始为刘全涛写，北平解放之日悲鸿躬逢其盛。"

1963年，徐悲鸿的弟子大画家吴作人，偶在刘全涛家见到这幅画时，兴致盎然，在画上题写了"甘为孺子牛"五字。吴作人大师大概并未很深刻地诠释这幅画，或只识其一斑。徐悲鸿一生坚守"人不可有傲气，但不可无傲骨"的做人准则，使这位耿介清高的江南奇才，成就画坛霸业，并彰显人格力量。

举凡由文学到艺术，简单的心理意向，最易导致急功近利或简单片面化，自然也会导致以政治标准取代艺术本身的价值衡量。徐悲鸿的牛和题跋表现的磅礴的个性精神，岂只一句"甘为孺子牛"所能道断？

徐悲鸿故居，位于北京市东城区东受禄街十三号。现已无存。时下，东受禄街有门牌的院子只剩下了二十二号，院内住着十户人家。1931年出生，今年82岁的马先生说，放置绿色垃圾桶的地方，就是当年东受禄街十三号的位置。

梅兰芳

护国寺甲一号，
毛泽东说"你的名气比我大哟"

梅兰芳自 1951 年始，从香港回京就住进了西城护国寺甲一号。这是光绪二十年（1894）十月二十三日生于北京的梅兰芳在北京的第六处宅第。1951 年，总理周恩来特意将此宅拨给京剧表演大师梅兰芳居住，表示国家对艺术家的尊重。有些文章说，这座大宅院是庆王奕劻的王府，这是讹传。庆王府在西城定阜大街。护国寺甲一号，大门非五间、正殿也非七间，不符合清代王府建制，或可是善于钻营、贪赃枉法的奕劻的一处别院。

这是一座两进四合院，前院有大门、影壁、倒座房，正院由正房及左右厢房组成，院里有一棵西府海棠、一棵苹果树和两棵柿子树。梅兰芳在这里创作了最后一部新戏《穆桂英挂帅》。

1894年梅兰芳生在前门外李铁拐斜街的一处老屋里，那时的大清帝国已是风雨飘摇，五年后又逢八国联军攻破京城。社会动荡，民不聊生。唱京剧的祖父和父亲相继去世后，七岁的梅兰芳在伯父抚养下苦度童年。后因家境不济，伯父卖掉李铁拐斜街的老房，租住宣武门外的百顺胡同，与当时很有名气的京剧老生杨小楼为邻。在伯父的安排下，梅兰芳八岁开始正式学戏。

说起来，梅家算是梨园世家。梅兰芳祖父梅巧玲，是"四大徽班"之一的四喜班班主，为同治、光绪间梨园行"同光十三绝"之一。慈禧看过他的戏，大为欣赏。梅兰芳的父亲梅竹芬，也有表演天分，与其父梅巧玲一起成为名噪梨园的应工花旦。祖父在梅兰芳生前已故去，父亲梅竹芬在他四岁时也辞世，伯父又无子嗣，梅兰芳成了这个梨园世家惟一的传承者。

八岁学戏的梅兰芳，拜祖父弟子朱小霞为师。开始学戏，迟不开窍，朱小霞叹曰："祖师爷没给你这口饭吃！"愧然离去。伯父又为梅兰芳请与梅巧玲搭班唱戏的吴菱仙当师傅。受过祖父接济的吴菱仙精心调教，梅兰芳艺技大进。

1908 年，梅兰芳年仅三十二岁的母亲病逝。伯父梅雨田又举家迁至宣外鞭子巷头条一座狭窄的小四合院。这时梅兰芳已正式搭班演出，肩负起养家糊口的重担。一有余暇，他又养起鸽子，每天清晨望着鸽子飞翔蓝天，听着悠扬的鸽哨，他的生命也鼓荡起风帆。

1912 年，梅兰芳一家搬到鞭子巷三条一座四合院。伯父梅雨田见十九岁的侄子已能独撑梅家的家业，放心地逝去。次年，梅兰芳到上海演出，一出大轴戏《穆柯寨》轰动大上海。

1920 年，已大红大紫的梅兰芳，买下一座大四合院，无量大人胡同二十四号。此宅由七个院落组成，后花园有池塘、长廊、假山，院院有果树、花木，与我家的四合院仅隔一墙。这座大宅和他名曰"缀玉轩"的大书斋，成了当时各界名流经常聚会的艺术沙龙。胡适、俞平伯等学者都是沙龙的常客。

慕名而来访的外国宾客达六千多人次，梅家成为当时世界艺术的亮点。

梅兰芳是 1919 年走出国门到日本演出的。在东京帝国剧院演出《天女散花》之后，梅兰芳深入日本人民的心中。1923 年日本发生关东大地震，梅兰芳在京发起义演，募集银元一万，捐给日本关东重建家园，梅兰芳已成为日本人民心中崇高的艺术家。但是，真正让梅兰芳誉满世界的，是 1930 年 2 月 3 日在美国纽约的演出。行前，他找到好友胡适，在胡适的帮助下，确定剧目及表演形式，梅兰芳在美大获成功。美轮美奂的戏装、细腻传神的表演，把观者带入东方神秘的艺术境界，让他们如醉如痴。美国的评论家，甚至把梅兰芳的京剧与意大利文艺复兴时期艺术品相提并论。美国的"影坛三杰"范彭克夫妇、卓别林与梅兰芳一见如故，结下深厚友谊。

1935 年 3 月，梅兰芳受苏联政府的邀请，赴莫斯科演出，成为全世界关注的焦点。流亡在苏的年轻戏剧家布莱希特，予以很高的评价。

历史和艺术一样，都是由细节构成的。1931 年梅兰芳在北京鲜鱼口中和戏院演出《宇宙锋》时，在二楼包厢看戏的张学良中途匆匆离去。那晚"九一八"事变发生。

抗日战争爆发后的 1938 年，梅兰芳携家眷到香港避难。三年后，香港沦陷。梅兰芳蓄须明志。日本司令部多次上门骚扰，让他到电台宣传"中日亲善"。梅兰芳冒毙命风险，打破伤风预防针，发高烧至四十度，拒不去电台。日本军方知道梅兰芳在日本人民心中的地位，也只好作罢。直至日本投降，梅兰芳才剃掉胡须，重返他钟爱的京剧舞台。在这之前，为生计所迫，卖掉无量大人胡同宅院，让剧团的每个人渡过难关。

梅兰芳离开北京十八年后，于 1949 年 5 月回到北京。毛泽东见到梅兰芳时，不无幽默地说："你的名气比我大哟。"

到 1961 年去世，梅兰芳在护国寺甲一号住了十年。现在这里成了梅兰芳纪念馆。

纪念馆匾额是邓小平写的，不仅因为他是梅兰芳的戏迷。

梅兰芳故居，位于北京市西城区护国寺大街九号。

启　功

小乘巷八十六号，
貌似弥勒佛的逊清帝胄

　　启功先生的故居在新街口西小乘巷八十六号。启功因逊清帝胄的身份，被错划成右派后，住进小乘巷，开始落拓的生活。

　　小乘巷是一极狭小的胡同。老槐树掩映的八十六号，门楼破旧，木门斑驳。推门入院，但见两间北房和两间南房夹着不大的院落，黄土铺地，被岁月磨得凸凹不平，但还干净，南房边的几丛修竹，给这小院平添了几分生气和淡雅。两间

192

南房，没有隔断，陈设古旧简单，是启功先生的客厅兼书房。东屋墙上挂着启功先生自书的调寄《沁园春》词："检点平生，往日全非，百事无聊。计幼时孤露，中年坎坷，如今渐老，幻想具抛。半世生涯，教书卖画，不讨闲吹乞食箫。从此后，定收摊歇业，再不胡抄。"此词写于1971年，正是"文革"中。以亦庄亦谐的笔法，写出启功一生坎坷却平静的心境，远远超越了世俗的悲喜。

1975年，我曾与北京教育局长韩作黎约好去小乘巷八十六号看望启功先生。我爷爷家住新街口百花深处，离小乘巷不远，往西走过几条胡同，就先于儿童文学作家韩作黎，到了启功先生家。

开门的是启功先生的夫人章宝琛，她慈祥地笑着引我到南屋。刚坐下，韩作黎局长就到了。那时，文人相见，并不谈文学，而多谈"文革"经历。韩作黎局长却开门见山地谈起书法和绘画。启功先生说，他们祖上就善画山水竹石，他自幼便耳濡目染，受到熏陶，十二三岁已崭露头角，十五岁正式拜师，上个世纪三四十年代在画坛已小有名气。与其他八旗子弟的落拓不同，他能靠书画之技，维持生计。韩作黎局长问他，为何不再操旧业？启功老人淡然一笑，指了指墙上的《沁园春》，不再作答。

1976年秋，地震之后，我又去小乘巷看望启功先生，除了小屋南墙倒塌，后又修复，院落依旧。启功先生卧室新砌的南墙尚未风干，他用一块油毡挡在那里防潮。他打趣地说，新砌的墙向外推出一米，比起鲁迅的老虎尾巴，算是老鼠尾巴。那天，另有两位客人也来启功老人家拜望。老人挺高兴，展示他刚刚作的一联给我们看："小住廿番春，四壁如人扶又倒；浮生余几日，一身随意去还来。"虽是自嘲，却有苦涩滋味。

那年春天，我从福建办事返京，即得知启功夫人章宝琛仙逝，便拉王愿坚骑车从南小街到小乘巷。启功先生貌似平静，但眼神里仍盛满悲痛。他和夫人1932年结婚，相濡以沫地过着平常生活。五十年代后期，莫名地被打成右派，夫人与他同舟共济，过着更艰难的日子。

1971年启功先生病危，写了一组辞别老伴的组诗，句句流露对夫人的深情。熟料夫人却先他而去，于是又代老伴写了一组给自己的诗，谐趣中蕴含着凄切。后这两组诗收进《启功韵语》一书中，1989年出版，读之令人叹惋动容。

启功先生宅心仁厚，人缘很好。每次见到他，他总是乐呵呵的。晚年启功先生胖了些，一脸的慈祥，长相和性情均像弥勒佛。一次去启功先生家，正巧碰到经常到我供职的《当代》表演气功的张宝胜，在那里表演。那时，自打柯云路在《当代》发表《大气功师》后，气功被神秘化甚至神化。我曾怀疑，但张宝胜的特异功能表演，又让我瞠目。我与刘心武探讨过这种特异现象，心武兄坚持说，这只是魔术。张宝胜在启功先生家的表演，我很熟悉，诸如把钢勺搓成麻花，隔着信封读信，从密封的药瓶里抖出药片。启功先生目睹后，信以为真，还以物相赠。他的善良使他从不怀疑任何人。无论贵贱，即使三教九流，他都真诚相待。不简单地否定一切，或可是科学态度。一生善待每一个人，则是他人格的高尚。

七十年代末，我们人民文学出版社，办了一届工、农、兵学员培训班，不少后来驰骋文坛的作家参加了该班。社里邀请了王力和我上中学时因其夫人是我的语文老师而熟稔的学者虞愚，还有启功等专家来讲课。启功先生于1979年1月12日，来我社讲"《红楼梦》与社会生活"。我到会与他寒暄几句，就坐在台下听讲。记得他的开场白别开生面："我是封建社会的残渣余孽。我是大清雍正皇帝的九代孙，是满族，满族就是所谓的'胡人'，我在这里说的就是'胡说'……"我和大家都笑。诗人学者、又是我同事的聂绀弩后来对我说，启先生的自我意识中，还存留着强烈的民族意识和民族情感，甚至有一种自豪感，这是极其宝贵的。曾经，有人请启功先生写"郑成功纪念馆"，他一拖再拖，终未题写。郑成功反清复明，有悖启先生的帝胄正统民族情感，他自然不愿违心从命。

改革开放之后，经济大潮冲击下，不少文人的人格被商品化，启功先生却始终保留独立的性格和人格操守。以当时启功先生书协会长的名气和书法功力，完全可以成为亿万富翁，如一些大师，广置豪宅，凿湖堆山，过上神仙般的日子。但他却一直过自己平静而朴实的生活。他搬到北师大小红楼不大的居室后，求字买字的人络绎不绝。他可以给不相识的蹬三轮车的小伙子写条幅，却不愿给捧着巨款求字的富人挥墨，保持着文人的清高。他曾在居屋门上贴出自书的"大熊猫病了"告示，将买字的人和一堆堆雪花银子挡在门外。而对友人索字，则慷慨以赠。他恪守文人本色，严守自己本分。

他有诗云：

残年回首尽浮云，种竹今生几代孙。

里舍久成因树屋，郊居合号拟山园。

小乘旧泪时通梦，浩劫先茔莫有村。

骨肉全空朋友在，天涯文字偶相存。

是一种人生境界，或是禅机也罢，恰如流水一湾，飘然落叶，疏林晚钟，沉挚凄恻藏于其间，荡气回肠。

2005年6月30日启功先生仙逝，一代魁星陨落。先生早已为己撰好《墓志铭》："八宝山、渐相凑。计平生，谥曰陋。身与名，一齐臭。"挤在送别的人群中，看八宝山远处有一片浮云，一带青山，清凉，萧散，那就是他。

启功故居，位于北京市西城区小乘巷八十六号。

黄胄

库司胡同，

给堂兄梁斌长篇小说《红旗谱》画插图

著名国画大师黄胄（1925—1995），于1955年被军委调到北京后，因夫人郑闻慧在中国青年出版社任美术编辑，故一家就住在东城库司胡同中青社宿舍。后自购东单三条一个小院。库司胡同中青社宿舍，位于胡同中路北，是一大四合院，五十年代初，院里住了七八户人家。

黄胄于1949年参加人民解放军，随军解放甘肃、青海，一直任《西北画报》美编和记者。1950年以《爹去打老蒋》一画，参加在北京举办的全国美展，受到全国美协主席徐悲鸿的赞扬，并在《新中国一年来美术史上的成就》一文中，对黄胄和石鲁特别关注，云："他们二人皆在盛年，前途不可限量。"1955年被军委政治部调到北京，先后在总政文艺创作室和军事博物馆任创作员。在库司胡同，黄胄除为工作画了不少漫画和连环画外，还创了《金色的道路》、《新生》、《打马球》等描写西藏、新疆少数民族新生活的国画，获得国内和国际的高度赞誉。

在库司胡同中青社的宿舍，黄胄谦和朴实，与邻居相处和睦。大院的孩子也喜欢这位画家叔叔。一天一个小女孩儿找到黄胄说他们班要开班会，请叔叔替他们画一张雷锋像。黄胄笑着点头，放下正在创作中的画，铺纸着色，刷刷几笔，一幅活生生的雷锋像就呈现在她面前。后来这幅雷锋像，像火炬一样，在东华门小学校园传递。

那时，有一部史诗气派的长篇小说《红旗谱》，在中国青年出版社出版后，立刻轰动全国，人人争读。其作者梁斌，正是黄胄的堂兄弟。一称雄文坛，一翘楚画苑，兄弟俩都是当时的名人。梁斌住天津，常到库司胡同走亲戚。这时，中青社的编辑们便来黄宅与梁家兄弟聊天。

《红旗谱》初版发行后，广大读者觉得没有插图，美中不足。中青社决定锦上添花，出插图本和珍藏本《红旗谱》，插图的最合适的人选自然是黄胄了。《红旗谱》是以河北"高蠡暴动"为背景，表现朱、严两家与地主冯家之间世代斗争的长篇小说，是作者梁斌在家乡高蠡的亲身经历。由同是高蠡人又是梁斌的堂兄弟的黄胄来插图，可谓珠联璧合。

黄胄把渐入佳境的水墨画创作停下来，背上行囊，回到阔别多年的故土蠡县。他夙兴夜寐，深入到小说所描写的锁井镇、千里堤等地，用相机、炭笔捕捉小说人物的原型和相关的景物。回到库司胡同，便投入紧张的创作。小说中最具光彩的春兰这一人物，他画了好几幅，以求最传神地表现春兰的形象和气质。最后他和梁斌一道选出七八幅，送交编辑部。插图本甫一出版，即广受好评。

黄胄成名之后，库司胡同便车水马龙。人民日报社社长、书法家邓拓，常来黄家，往往在观看黄胄作画之后，情不自禁地挥笔在画上题诗。画界的同行来得就更勤。如当时炙手可热的画家李苦禅、李可染、蒋兆和及油画家罗工柳诸人，会经常到库司胡同，或论画，或谈收藏，黄胄几乎成了画家沙龙。一次，李苦禅闲聊到兴头处，对黄胄诸人说，自己不仅是戏迷，"还演过武生呢！"

黄胄等惊愕地望着年近六旬的写意花鸟大师，不知如何作答，李苦禅见状，有些生气："怎么，你们不信？那我就给你翻个跟头！"说着就撩起衣服，黄胄忙双手按住其肩，笑道："别，我的屋小，别碰着李老，我信行吧。"夫人郑闻慧也忙奉上清茶，说："朋友刚带来两坛绍兴黄酒，我这就去炒菜，你们喝几杯。"李苦禅这才作罢。

黄胄白天忙于公务，一般是深夜创作。同院住的中青社美术编辑秦耘生曾目睹过黄胄在深夜创作巨幅《套马》的全过程。那夜，是黄胄夫人请秦耘生到黄胄画室的。黄画过两三稿，均不满意，便扔到地上，然后重抖精神，挥笔泼墨，一气呵成。一匹飞奔的骏马，有神有形地现于纸上，正是"觉来落笔不经意，神妙独到秋毫颠"。黄胄的画，形神兼备，外师造化，中得心源，自成一格。孰不知，有如此成就，他熬去多少辛苦。其夫人郑闻慧叹曰："人们只知黄胄画好，但他的画稿摞起来，比他的人还高！"天赋、勤奋是大师成功之道。

　　"文革"一来，最先打倒的是以邓拓为首的"三家村"，与邓拓关系密切的黄胄自然受到株连，运动一开始黄胄便被押到甘肃、山西劳改。为了保护自己的画作，黄胄与夫人一起将画藏在席梦思床垫里，总算逃过一劫。偶尔，黄胄也能从"牛棚"里回家住几天。文化专制主义可以破坏扼杀文艺发展，却不能泯灭艺术家的创造。"文革"期间，宾客全无，黄胄躲进小屋，偷偷创作。每画一张，夫人便小心翼翼地藏在立柜里。比起别的画家被流放、入狱、惨死的命运，黄胄是幸运的，他的画也是幸运的，中国画更是幸运的。

　　1977年初，黄胄不幸在公共汽车上跌倒，从此瘫痪，但他以顽强的毅力继续从事创作。1978年，他画《百驴图》作为邓小平访日的国礼，赠给日本天皇。

　　同年，黄胄绘画的《松鹰图》，作为国礼送给美国总统里根，他的另一幅《鹰》，经叶剑英题诗，送给南斯拉夫总统铁托。黄胄的名声远播四海。后来，民办公助的"炎黄博物馆"建成，收藏了国画大师的主要作品。大师的流风余韵犹系纸墨色彩之间，作为文化遗产，长久流传。

国画大师黄胄的故居位于东城区的库司胡同,现已无存。
其原址在东直门南大街西侧一带,现在是许多新兴的建
筑。

拍摄散记

海德光

我为《春明门内客——北京老宅院里的文化名人》拍摄照片，是受汪兆骞先生的邀请。汪先生是位作家，担任过人民文学出版社编审，《当代》的副主编。他原来住家的遂安伯胡同，就在我工作的中国摄影家协会（红星胡同）旁边。前些年，这两条明朝时的胡同烟消云散，新版图变成了大名鼎鼎的金宝街，专卖奢侈品。我爱看汪先生的文章，我的摄影集《胡同印象》送给了他，他也挺喜欢。汪先生长我十三岁，我称其汪兄，他还我以海兄，可谓是应了那句话："肩膀齐是兄弟。"

记得 20 年前我骑车串巷拍胡同时，胡同里的名人故居还很多，虽说有的齐整，有的破烂，但建筑的格局大体还在，门口的牌子标志着谁在这儿住过，随眼一瞅，非常方便。那时，我拍摄的主题是表现胡同的主体，即北京人在胡同里的生活常态，并力图拍出京味来，所以就没太在意拍摄名人故居。心想这些东西跑不了，什么时候想拍也来得及。不经意间，见到蒜市口曹雪芹故居，海柏胡同朱彝尊，孔尚任故居，棉花胡同林白水故居、椿树下二条尚小云故居等相继被拆除时，除了遗憾，在拍摄上也有了紧迫感。

其实，拍摄名人故居和我原来的拍摄主题并不矛盾。现今许多的名人故居已不完全是名人或其后人居住，早已变成了大杂院，住在里面的人什么样的都有。拍一些照片，再在住户的家里喝喝茶聊聊天，听他们说说自己家和名人的关系或这个院的子丑寅卯，在我来看是接了回"地气"。北半截胡同四十一号的谭嗣同故居，过去是浏阳会馆，院里最老的一家住户姓刘。十多年前，我听老刘说：他们一家在这儿已经住了五代。他的爷爷当年曾是谭嗣同的长随，戊戌变法失败后，谭嗣同身首异处，血洒菜市口。谭父拿出三十两银子让老刘的爷爷找人缝了三针，简单地连接上尸身，才将灵柩运回了湖南故里。老刘慢悠悠说起的这段野史，让我回味良久。

北京城的大拆大建，消失了大量的胡同。我在摄影集《胡同印象》里记录的胡同，绝大部分也都被拆。这次受汪兄所邀，再拍胡同里的名人故居，这些故居还在不在？能否拍成？我心里实在没什么把握。在中华书局与包岩社长和汪兄见面时，汪兄给了我书稿的两页目录，其中罗列了36位名人，涉及34处故居，并希望我在两个月内拍完。受人之托忠人之事，我马不停蹄地在节假日里开始了实地踏勘和拍摄。

果不其然，在这些故居中，张恨水、徐悲鸿、沈从文、郭小川、黄胄、钱锺书与杨绛的故居已经消失。身为毛泽东老师的黎锦熙故居也破败不堪，行将拆除。徐悲鸿生活过的东受禄街，不仅故居早已无存，胡同也已不成其为胡同。惟一有门牌的只有二十二号，承蒙住在这儿的八十一岁的马老先生指点，我才找到徐悲鸿故居的原址并拍摄留证。东受禄街紧邻北京站，熙熙攘攘。过往的人流中有谁能想到，擦身之处，曾经有过一座诗情画意的小院？沈从文的小羊宜宾胡同故居，原址已建成了16层高楼，有幸那个"弦歌之声不绝于耳"的公共厕所还在，我在它西边的大树下闭目冥思了片刻，仿佛看到了黄永玉和他的表叔沈从文当年从这里路过。无独有偶，北竹竿胡同俞平伯的故居前也保留着一处厕所。与齐白石的故居跨车胡同一样，北竹竿胡同也已名存实亡，在周边群起楼房的侵迫下，这两处故居飘零在外，卑处一隅。

至于谭嗣同、陈独秀、梁实秋、曹禺、冰心的故居，现在已成了百姓们居住的拥挤不堪的小杂院和大杂院。住在这种老房子里，洗澡、如厕的不便，常常让他们对能住上楼房心怀着羡慕和期盼。煤改电的市政工程，即不用再烧煤而是改用电来烧水、做饭和冬天取暖，给他们带来了一阵快乐。过后，那句"人家名人住的时候是独门独院，我们现在住的是什么？"的牢骚话又挂在了嘴边。他们中的很多人没有把故居当成文物，为改善居住条件，恨不得能早点拆迁。

他们的话不是没有道理。四合院自有的那天起就不是杂居的处所。在"天棚鱼缸石榴树，老爷肥狗胖丫头"的年代，一家人住在里面，既与外界保持了适当距离，又在内其乐融融，是人们建造四合院的初衷和住四合院的追求。叶圣陶、马寅初、启功的故居还是其后人居住，所以院貌、格局都保存尚好。他们在这里住了几十年，这里有长辈们的平凡与辉煌，也有自己的人生印迹。他们说起长辈们在白皮松、翠竹、西府海棠树下的轶事趣闻，敬慕之心，油然而出。

在拆除还是保护上闹得沸沸扬扬的北总布胡同二十四号

的梁思成、林徽因故居；八道湾胡同十一号的鲁迅、周作人故居，这两年成了社会瞩目的焦点。我到这两处看了看，八道湾胡同十一号门口私搭乱建的小房，挡住了里面三进四合院的本来面目，真让人为这座诞生过鲁迅《阿Q正传》、《风波》、《故乡》、《社戏》等著作和百多篇译著的院落感到寒碜。除了门口，院内的杂乱建筑已被清理，原来的基本布局得以显现。在前院，我看到了一棵高大的杨树，它应该是让周作人情有独钟，在《两株树》中叙到的那棵杨树："我在前面的院子里种了一棵，每逢夏秋有客来斋夜话的时候，忽闻淅沥声，多疑是雨下，推户出视，这是别种树所没有的佳处。"这棵杨树的命运比梁、林故居的那棵马缨花树好多了。梁、林故居倒座房北面的那棵马缨花树已被腰斩，树的上半截已被锯掉，只留了下边的一段树干。我想：不知梁、林的子女梁再冰、梁从诫看到此景，想起小时候在树下的嬉戏，会作何感叹？

辟为纪念馆、博物馆的，有李大钊故居、鲁迅故居、蔡元培故居、梅兰芳故居、茅盾故居、老舍故居、郭沫若故居。除郭沫若故居内部修缮不对外开放，其他都开放。我在鲁迅故居拍摄鲁迅的工作室兼卧室——"老虎尾巴"时，问工作人员能否到室内拍？回答不行。并说因为霉朽，连他们自己也不能到房间里面去，怕踩坏了。我借他们打开房门给室内通风的机会，站在门外拍了几张，果然闻到了一股霉朽的味道。老舍故居所在的丰富胡同窄小不说，故居门前的路面更像是施工后草草填成的坑，非常不平整。如此看来，故居内外的配套建设十分重要，保护得当才更利于发挥这些纪念馆、博物馆的作用。

北京的许多胡同消失了，许多名人的故居也消失了，一百多年前在法兰西发生的一幕又戏剧性地在中国重演。在逝去的名人故居中，有些实行了原址保护修缮和异地复建。原样原修吗？但愿不是假古董和赝品出现在眼前。汪兄叙说的这些名人故居里的故事，使我想起了维克多·雨果1832年在《向拆房者宣战》中的那句话："我们就只有与那位特洛伊人一道喊出'这里曾有过伟大的光荣'了。"一座城市，保持恒久不变的不是建筑的高度，而是它的诗意，古老文明日趋流失，只会令人唏嘘不已。

（作者系中国摄影家协会会员、编审、

中国民族摄影艺术出版社副总编辑）